图解服务的细节
056

最新版"地域一番"美容院開業・経営のすべて

赚钱美发店
的经营学问

[日] 山内义成 著

王思怡 译

人民东方出版传媒
People's Oriental Publishing & Media
东方出版社
The Oriental Press

图书在版编目（CIP）数据

赚钱美发店的经营学问 /（日）山内义成 著；王思怡 译. — 北京：东方出版社，2017.2
（服务的细节；056）
ISBN 978-7-5060-9506-8

Ⅰ.①赚… Ⅱ.①山… ②王… Ⅲ.①理发馆—商业经营 Ⅳ.①F719.9

中国版本图书馆CIP数据核字（2017）第034505号

SAISHINBAN CHIIKI ICHIBAN BIYOUIN KAIGYO KEIEI NO SUBETE
© YOSHINARI YAMAUCHI 2014
Originally published in Japan in 2014 by DOBUNKAN SHUPPAN. CO.,LTD.
Simplified Chinese translation rights arranged through TOHAN CORPORATION, TOKYO,
and BEIJING HANHE CULTURE COMMUNICATION CO.,LTD.

本书中文简体字版版权由北京汉和文化传播有限公司代理
中文简体字版专有权属东方出版社所有
著作权合同登记号 图字：01-2016-0857号

服务的细节056：赚钱美发店的经营学问
（FUWU DE XIJIE 056:ZHUANQIAN MEIFADIAN DE JINGYINGXUEWEN）

作　　者：［日］山内义成
译　　者：王思怡
责任编辑：崔雁行　高琛倩　王高婷
出　　版：东方出版社
发　　行：人民东方出版传媒有限公司
地　　址：北京市东城区东四十条113号
邮政编码：100007
印　　刷：三河市中晟雅豪印务有限公司
版　　次：2017年5月第1版
印　　次：2017年5月第1次印刷
印　　数：1—6000册
开　　本：880毫米×1230毫米　1/32
印　　张：10.375
字　　数：207千字
书　　号：ISBN 978-7-5060-9506-8
定　　价：52.00元
发行电话：（010）85924663　85924644　85924641

目录

前言

　　我也曾开过一家美发店，实现了自己的梦想。

　　为了实现"开一家美发店"的梦想，我生平第一次借了一大笔钱用作"创业资金"。

　　"借了这么一大笔钱，以后真的能还清吗？""要是经营不顺利，后果会怎样呢？"

　　即便是现在，只要我一回想起当时的紧张和不安，仍心有余悸。

　　下面我就简单说说我开店的原委。

　　起初，我一边在美发店工作，一边在美发学校学习专业知识。毕业之后又过了几年，我就作为店长，被委任接手管理了一家店。后来因为要结婚，我就开始考虑能否自己开一家美发店，但终因资金等问题不得不放弃。当时日本国内正值美发店纷纷增开分店的热潮，而这一现状导致市场上慢慢出现了发型师不足的问题。因此，我借机开始了推荐发型师的中介事业。虽然经营慢慢地步入了正轨，但我却始终不想放弃自己想要开一家美发店的梦想。

　　思来想去，我终于下定决心，一切从零开始，去追求自己开家美发店的梦想。

我本以为凭着自己从业至今的经验，加上对美发店经营拥有的相关知识，开店定会有十足的把握，然而到了真正开始准备开店的关键时刻，我才发现"自己几乎没有任何从还没租借店面的初始状态到店铺开业之前这段时期的开业知识"。

由于太缺乏开业相关知识，我陷入了"对于开业不知如何下手"的危机中，并对此感到深深的愤怒。

于是，我开始阅读开店创业类的书籍，并参加了各种各样的研讨会。但是，我并没有从中获得充分的相关信息和知识。我最想了解的是"如何做才能在开业后尽可能多地招徕顾客"以及"如何提高顾客的回头率"等能令店铺在开业后尽早实现平稳经营的更具体、实用的信息。

据悉，日本的中小企业和个体经营业者，在开业后仅一年之内就宣布破产的大约占60%，五年之内就有将近80%倒闭，而十年内几乎95%的企业都会不复存在。也就是说，在新开业的100家美发店里，十年后仍然能继续运营的仅有5家而已。

开业，说到底就是站在起跑线上。重要的不是"开业"，而是"保证稳定收益并持续经营"。

考虑到美发业界越来越严峻的经营环境，应该首先认识到美发店经营不是仅仅靠学习开业相关的知识就能获得成功那么简单的，这条路绝不是什么康庄大道。

本书是2006年出版的《打造"区域第一"美发店的开业与经营

知识》的最新版。在我执笔创作初版时，日本全国的美发店数量共有

215719 家，每个家庭每年用于烫染、剪发等的支出金额为 11589 日

元（约合人民币 591 元）。

　　而到了 2012 年，全国美发店的数量则增至 231134 家。与此相对，

根据 2010 年的调查，每个家庭每年用于烫染、剪发的支出金额减少至

10650 日元（约合人民币 542 元）（以上数据均来自日本厚生省国民生

活基础调查、总务省家庭支出调查）。

　　今后，少子化和老龄化问题将进一步发展，导致日本社会可用劳

动力不足，因此，美发沙龙的经营业者将会面临日趋严峻的挑战，这

是不争的事实。

　　在这样的现状下，哪里才是今后店铺经营的着力点呢？大多数的

店主都已经意识到：那就是"员工培养"。在本书中，笔者以尽可能多

的篇幅充分地讲解了如何培养和教育"能够提供高水平服务并提高顾

客满意度的员工"的重点以及具体方法。如果能给读者一些参考和帮

助，将是我最大的幸福和满足。

　　　　　　　　　　　　JSC 美发店经营综合研究所代表　山内义成

独立创业必备基础知识

1 迈向成功的第一步——下决心"独立创业"

"总有一天，我会独立。""等条件允许了，我就独立。"一旦你用这种模糊不清的说法去表述你将来的梦想，那么你独立创业的梦想就不可能实现。

不下定决心创业，就不会付诸实践

实现了独立创业梦想的人和让这个想法终究只是个梦想的人之间区别不在于两者的能力不同。所谓实现了独立创业梦想的人，就是"能够下定决心去独立创业的人"。而让这个想法终究只是个梦想的人，则是"不能下定决心去独立创业的人"。两者之间的差异仅在于此。

下决心"要独立创业"的人，从那一刻起必然要将何时该干何事等创业相关的准备事项和时间规划具体化，并开始行动。

另一方面，嘴上说着"等条件允许了，我就创业"的梦想的人，却自始至终都没有针对独立创业展开具体行动。

那张为想成为美发店主的人准备的申请表，是只有真心想要"独立创业"的人才能得到的特权。

以自我为中心的创业不会成功

那么，下面我想问已决心"独立创业"的人一个问题：你

□■ 独立创业目标日期 ■□

我真心决定要独立创业。

_____ 年　月　日　姓名 _____

以　年　月开业为目标日期，开始针对开业做准备。

——表明独立创业的决心——

下定了独立创业的决心之后，请在表格内写下具体内容，证明这份决心是真实有效的。

< 独立的火焰 >

只有持续燃烧独立的火焰，并将之付诸实践的人，

才有资格获得打开宝石箱的钥匙，

而这个宝石箱代表了光明的未来。

"自己的人生，只能由自己去开创。"

决定你今后人生的，唯有你自己。

想要独立创业的目的是什么呢?

如果你独立创业的最大目的是"想赚大钱",那么很遗憾,我可以推断这个愿望实现的可能性很小。

之所以这么说,是因为"想赚大钱"的想法过于强烈的人,很可能将开业所有准备的中心由"顾客"转移成"自己"。从而导致难以得到顾客的认同和共鸣,而演变成一种自我满足的创业形式。

开业后店铺生意是否红火,起决定作用的是顾客。"一切以顾客满意为先",如果你想要店铺生意好,那么这就是我给你的忠告。

2 成为美发店经营者意味着什么

认真探讨如何独立创业的人中，大多数都曾作为发型师积累了丰富的工作经验并兼备经营管理能力，作为店铺领导、经理等拥有教育、经营等相应的工作经历和业绩。深知这一点的我，在大家进行开业准备之前，还有一两点建议。

以往的经验只不过是整体经营的一小部分

也就是说，不能对自己过去的经验和业绩过于自信。你之所以能够取得以往的业绩，恰恰是因为之前工作单位的经营者为你构筑了良好的工作环境，而这一切并不全是你自己的实力。

你迄今为止积累的职务经验都是以一名从业人员的立场，仅关系到美发店经营整体的一小部分。而成为一名美发店经营者，则意味着从独自背负欠款等巨大压力、寻找合适的铺面到亲自探讨集客策略、教育员工、周转资金等，所有这一切都必须要一个人独立进行。也就是说，从此之后，不仅要有继续开业的准备，还必须要对至今没有任何经验的事情做出重要决断，并自己承担责任。

"不知道"对于经营者来说意味着风险

即使你对于已经整备完好的美发店有足够的经营经验，也

经营者必备的5个技能

技能	问题	◎	○	△	×
现场能力	不只顾自己方便而硬性要求客人				
	不只顾自己方便而硬性要求员工				
	顾客满意至上主义				
	以店铺整体利益为先				
	凡事身先士卒				
指示能力	不发火，表达自己的想法和考虑				
	不仅口头表达，也会以行动示范				
	因材施教				
	将必须这么做的理由汇总并传达				
	选择易于让人接受的用语下达指示				
管理能力	设立具体目标				
	不厌其烦地进行汇报、联络和商谈				
	明确表示出几年后希望达到的水准				
	尽可能将各种数据转化为数值并可视化				
	问题要及早讨论并制度化				
收集信息能力	扩大不同业种之间人员的交流				
	定期去书店，时刻收集信息				
	新商品一定亲自检查				
	虚心倾听顾客心声				
	查看人气店铺和竞争店铺的主页和信息				
创造能力	向员工渗透经营理念，让其自觉行动				
	经常关注最新流行动向和信息				
	避免因循守旧，让顾客厌倦				
	不满足于提供给顾客一般水平的服务				
	不满足于现状，永远审视自己的做法				

请将画"×"的项目消除吧。在画"△"的项目里写下改善的具体做法，并作为今后的讨论课题。

一定不要忘记你对于从连铺面都还没有决定下来的白纸状态，到签署店铺租赁合同，直至开张营业前的经验几乎一无所知的事实。

"不知道"会成为经营上的风险因素。为了能够更准确地做出最终决断，应尽可能多地掌握经营整体相关的知识和信息，这样能够回避风险。一旦坐上了经营者的位置，逆耳忠言和能给予自己谏言的人就变少了。本着"有备无患"的精神，请以谦虚学习的态度来进行开业的准备吧。

3 辞职后再开始准备创业风险高

想从工作的美发店辞职之后，再认真地开始进行开业准备的人很多。但是，这种方法往往伴随着巨大的风险。

成功的关键是选址，仓促决定会导致失败

美发店开业成败的 70% 是由店铺选址决定的。也就是说，店址的选择是非常重要的。理想的店铺没那么容易一个接一个地冒出来，因此，为了找到能吸引客源、不容易失败的铺位，需要在时间上和心理上都留有充裕的准备期。

好地段的商铺自不必说，因为各行各业的经营业者都对其虎视眈眈。所以，经常会有人碰到这种情况：花了很长时间考虑才最终决定"就选这个商铺"，却被别的想要开店的经营者横刀夺爱，抢先签署了合同。辞职之后再找合适的店址，就意味着要一边花费作为开业资金的自有资金，一边寻找理想的店铺。如此一来，随着时间的流逝，会有一种"得赶紧找到店铺"的紧迫感，结果往往会导致退而求其次地草率签署租赁合同。这是辞职后才开始寻找合适店铺的创业者易犯的典型的"后悔事例"。

辞职之后再开始创业准备太晚了！

在职期间开始准备独立创业

· 能在保证正常收入的同时，准备独立创业
· 能仔细地进行市场调查等各种调查
· 能不慌不忙地寻找理想的店铺
· 能将大部分独立创业前的准备事项在在职期间完成
· 开业之前有充足的时间能够充分进行开店促销

辞职后再开始准备独立创业

· 没有了工作收入，会使用为开店准备的自有资金
· 失去了仔细进行市场调查的充裕时间
· 因为急于寻找到店铺，所以容易将就
· 独立创业前的所有准备工作都没有完成
· 开业前的时间很紧迫，因此开店促销草了事

辞职创业的三点基本原则

√ 认真交接自己负责的客人
√ 不在原工作单位所在商圈开店
√ 不对原单位的员工挖墙脚

独立创业者调查问卷

① 你是否认为本该再多学点经营知识？

NO 2%
YES 98%

④ 你认为自己开店前进行了充分的市场调查吗？

YES 10%
NO 90%

② 你认为自己开店前对竞争店铺做了充分的调查吗？

YES 13%
NO 87%

⑤ 开店促销进行得令你满意吗？

YES 8%
NO 92%

③ 问题②的理由是？

其他 4%
店铺开业前没有充足的时间 96%

⑥ 问题⑤所选项的原因是？

其他 4%
第一次，没经验，不知道怎么做好 96%

取自 Japan staff creation 的调查

别忘记关照原来工作的沙龙

还有一点需要确认，就是在向受到多年照顾的原工作单位提出辞职时的注意事项。

本着"人去不留麻烦"的善始善终精神，应注意以下几点：

① 向负责的顾客介绍接任的人员，交接好工作。

② 不在原单位所在商圈开店。

③ 不对原单位的员工挖墙脚。

④ 及早对老板提出辞职的意愿，尽最大可能不给对方添麻烦，圆满地结束自己的工作。

在这个看起来很大实际却很狭小的行业里，请严守这几条戒律。

4 熟记创业准备的内容

很令人不解的是，创业者中大多数都如出一辙地在同一个地方栽跟头。也可以说，现在开始准备独立创业的人也同样，在同一个地方栽跟头的可能性很高。

众多创业先驱们都在反省的一点就是：对于独立创业相关的知识掌握得不够充分。因此，在你的店铺开业之前，一定要在脑海中整理思路，搞清"应在何时，该如何，做何事"。

实际上，即使下定了决心"创业"，一旦真正进入开店准备的环节，具体要从何入手开始准备，还是有很多人会踌躇不定。为了不重蹈众多创业前辈的覆辙，有必要具体地去理解和把握"创业准备，到底需要做些什么"。

创业准备，大致可以分成以下五项。请按照这五项，一项一项地把握和确认需要准备的具体事项。在此基础上，还有必要进一步从时间面上把握并牢记这些项目应"按何种时间流程表依次进行"。

看了下表的创业准备事项之后，就能一次性完整地明确从签署店面租赁合同的时点开始直到最后开业时所需做的所有准备。正是因为缺少这个图表，才使多数人陷入了困境。

宏观把握店铺开业需准备的内容

在职期间开始准备独立创业

确定开店区域，准备寻找合适店铺

创业在即，探讨并确定店铺经营理念

择选出准备开店区域的备选店址

对选定区域的备选店址进行各种调查

走访并收集选定商铺的相关信息

寻找签署商铺租赁合同的相关连带保证人

签署商铺租赁合同，全面准备内部装潢与外部装修、日常用品备件及其他设备

☐ 双方签署商铺租赁合同

☐ 制定内部装潢与外部装修的预期方案

☐ 寻找店铺设计师与设计公司

☐ 具体明确必需的日常用品和备件

☐ 确定合作代理商和经销商

☐ 确定店名、注册绑定固定电话号码

办理借贷创业资金的相关手续

☐ 确定贷款银行并咨询创业事宜

☐ 去日本政策金融公库进行咨询

☐ 得到融资后寻找连带保证人

☐ 制作申请融资时必须提交的创业计划书

为吸引并保住客源做准备

☐ 制作出传单、名片、店卡的草稿

☐ 制定价目表

☐ 探讨店铺主页的内容

进行员工招聘、培训、雇用相关的准备

☐ 制定薪资标准、服务规程、员工手册

☐ 选择发布招聘信息的媒体、制作招聘启事样稿

5 让独立创业进展顺利的"创业笔记"

从签署了商铺租赁合同后直到正式开业营客前的这段时期，一般来讲大概只有一个月左右的时间。对于初次创业的人来说，要在这一个月的时间里做完开业前的所有准备工作，这本身就有很大的难度。结果很容易被店铺内外装修、采购日常用品和备件等费时费力的"硬件"准备事项搞得晕头转向，而对能够吸引和保住客源等"软件"的准备不够充分，导致仓促行事，草草开业。

让开业准备进展顺利有个小窍门：就是备好一份开业准备专用的"创业笔记"。将开业准备事项按照"经营理念""店名""市场调查""商铺租赁""事业发展计划""内外装修""日常用品及备件""员工录用及培训""开业促销""价目表"等分条目进行分类，在此基础上再分别将"截至何时，对何事，如何进行准备"以及一些想法和闪念等内容都写进这个笔记中。

通过不断重复这项工作，能使原本模糊的想法和理念逐渐变得具体化。另外，将开业准备事项分成具体条目，能够使各项准备的进展情况一目了然，让开业准备不再乱成一团，能够顺利进行。

开业前各事项准备内容及范畴

▲ 美发沙龙经营理念 ・・・・・・・有市场需求、易获得顾客共鸣、能传递信念

▲ 店名 ・・・・・・・・・・・易记、顺口、有亲和力、名字意义简单明了

▲ 市场调查 ・・・・・・・・・・开业（经营）战略

▲ 商铺租赁 ・・・・・・・・・易于吸引客人入店的商铺、客流量大的商铺

▲ 事业发展计划 ・・・・・・・进行时应将制作创业计划书时的内容考虑进去

▲ 内外装修 ・・・・・・・・・尽可能把杂志剪报、照片等具体的宣传可视化

▲ 日常用品和备件 ・・・・・・货品名称、货号、生产厂家、单价、个数

▲ 员工录用及培训 ・・・・・・雇用条件、薪资标准、员工手册、招聘广告

▲ 开业促销 ・・・・・・・・・内览会、上门推销、开业宣传单（企划案）

▲ 价目表 ・・・・・・・・・・能否充满自信地向顾客说明为何如此定价

▲ 各种印刷品和供货商 ・・・・名片、店卡、员工卡的样本、供货商、预算

▲ 店铺主页制作 ・・・・・・・内容、亮点等全权交给设计公司无法集客

开店准备用品一览表　　　（条目：　　　　）（订货方：　　　）

货品名称	货号	个数	单价	小计	合计	备注

在签署商铺租赁合同前需做的准备

接下来，向大家介绍在签署商铺租赁合同前需要做好的80%的准备事项。

"店名"不仅在制作店铺招牌时需要，还要体现在店内的各种印刷品上，因此需要把Logo和设计等都确定下来。将店内的备件、器材、原材料、日常事务用品等的必要数量、进货地点、进货单价等按照不同供应商分类记入，制成一览表并保存好。招聘广告、店铺宣传单、名片等各种印刷品也要事先做好一个草稿。另外，这些内容全部都要保存在电脑中。同时，选好刊登广告的媒体和供货商，并估计出所需费用。做完以上这些准备工作后，接下来只需要将店铺的地址和电话号码广而告之，准备工作即告完成。另外，薪资标准和员工手册等也应提前做出一个草案。

6 熟记开业前的流程①

迎接新店开业的重点，即正确把握时间流程表，进行开业前的准备工作。

开业前一年至半年内需做事项

开业前一年：一旦决意创业，就要对各种类经营业态的店铺运营、内部装潢、促销手段、经营战略等信息进行收集整理，并将之作为参考，建立自己的开店构想。遇到值得参考的店铺设计和照明等，应尽可能地用相机拍下照片，肯定会在今后发挥作用。

开业前 10 个月：打出美发沙龙的经营理念，所有的开业准备都应以此为基础进行。这样一来，就能打造出极具整体感的店铺特色。

开业前 8 个月：将事业发展计划具体化、调查所处商圈，以沙龙经营理念为基础，依据本店规模、床位数、员工数、技术费（单价）等制定具体的资金回收计划、销售计划、还款计划等。这些内容在申请融资时是必须提供的资料。接下来，开始对备选店址所在的商圈进行调查。

开业前 7 个月：寻找商铺、调查竞争店铺。在调查了商圈的基础上，开始寻找合适的商铺铺面。在权衡商铺租赁市场价

一年前

决意创业

▲ 以经营者的角度，参考各种类经营业态的店铺运营、内部装修、促销手段、经营战略，建立自己的创业构想

▲ 开始收集创业的必要信息

10 个月前

确定美发沙龙的经营理念

▲ 明确提出店铺的经营理念，以此为基准，令店铺所有细节均体现统一感和整体感的特色

8 个月前

将事业发展计划具体化 / 开始调查所处商圈

▲ 以店铺经营理念为基础，依据本店规模、床位数、员工数、技术服务费（单价）等制定具体的资金回收计划、销售计划、还款计划等

▲ 将备选地址按最想要开店的区域排序，依次开始进行商圈调查

7 个月前

开始寻找商铺 / 对竞争店铺进行走访调查

▲ 在调查商圈的基础上，开始寻找合适的商铺（具体确定合适自己的理想商铺）；同时对竞争店铺和消费者进行走访和调查

6 个月前

申请融资 / 选定设计施工方

▲ 前往申请贷款的银行以及日本政策金融公库进行咨询

▲ 由于从申请融资到贷款批下来需要一个月左右的时间，这一点需要在时间流程上稍加注意

▲ 确定店铺设计施工方

格的同时，具体确定适合自己的理想商铺。同时，还要对竞争
店铺和消费者进行走访和调查，研究探讨如果在该区域开店，
最终能否令经营步入正轨。

开业前6个月：申请融资，选定设计施工方，定下贷款银
行后，前往日本政策金融公库进行咨询。由于从申请融资到贷
款批下来需要一个月左右的时间，因此这一点需要在时间流程
上稍加注意。决定施工方时，如果是专门做美发店设计装修的
公司，装修就基本没什么问题。事先看看对方以往的施工设计
案例，就能够基本了解对方的设计风格。

7 熟记开业前的流程②

要在 3 个月前一次性集中做开业准备

开业前 3 个月：签署商铺租赁合同、确定具体预算、决定店面设计。在签署商铺租赁合同前，要先确定该店铺可否进行装修施工，如无问题即可放心。一旦签订了商铺租赁合同，就需即刻办理申请融资的手续。此时需要的材料有《创业计划书》《设备、内部装修费用估算》和《商铺租赁合同》。另外，由于还需要有连带保证人，因此，需要事先跟连带保证人打好招呼并取得同意。贷款正式发放后，就到了正式委托施工方进行内部装修的环节。一般来说，装修时间控制在一个月比较稳妥。

开业前 2 个月：开始进行商铺装修、招聘员工、选定进货商、准备日常用品和备件。在开始进行内部装修的时点，即进入了开业前的最后准备阶段。施工过程中，可能会给周围的邻里带来一些麻烦，因此在开始动工前，一定要先跟周围的邻里打好招呼。施工过程中，在对施工给周围邻里带来的一些不便表示歉意的同时，如果能在店头张贴开业介绍，就能给美发店的开业树立和扩大良好口碑。在招聘员工时，必须先制定好薪资标准和劳动合同。未必一次招聘就能获得积极的反馈，因此最好提早打出招聘广告。

3 个月前

签订商铺租赁合同 / 确定具体的预算

▲ 签署商铺租赁合同前，要事先确认该店铺可否进行装修施工；准备施工预算（申请融资时需要）

2 个月前

开始进行商铺装修 / 招聘员工 / 选定进货方

▲ 跟周围邻里打招呼

▲ 在店头张贴新店开业通知

1 个月前

订购各种印刷品 / 确认店内备件、原材料、商铺的购买清单

▲ 最终确认是否有遗漏、能否及时赶上开业

一周前

交接店铺、内览会 / 员工研修培训 / 上门推销 · 分发宣传单

▲ 为了在短时间内实现员工技术统一化，需做好员工培训手册

开业前1个月：订购各种印刷品，确认店内备件、原材料、商品的购买清单。最后确认各种印刷品的文字内容，并订购下单。店铺的固定电话号码要赶在下单订购之前注册绑定。另外，要最后确认备件、原材料、商品购入清单有无遗漏，开业前能否及时交货。

开业前一周：店铺交接、员工研修培训、上门推销、分发宣传单。为了在短时间内实现员工技术统一化，需要做好员工培训手册。另外，做好开业宣传单后，要在附近挨家挨户地拜访，告知新店开业的消息。

8 运用"兰切斯特法则"找出"战斗方法"

一旦要开始准备独立创业，就会有很多人对到底要从何开始入手、怎样进行，感到困惑和踌躇不定。这是因为他们对于沙龙的经营理念、美发沙龙的规模以及经营战略都很不明确。在本节中，我想给大家介绍能对美发沙龙的经营起到很大帮助的"兰切斯特法则"。

第一法则：攻击力 = 兵力数 × 武器性能（性质）

第一法则是说，在局部战争中，若武器的性能和士兵的技能处于同等水平，则军队的攻击力与士兵的数量成正比。就像战国时代的战争，每名士兵都使用战斗范围很小的武器，与敌人展开一对一的较量，在这种情况下该法则才成立，由此可导出"弱者战略"。置换到美发店经营上来讲，就是"沙龙力"="员工人数"×"员工业务水平"。

第二法则：攻击力 = 兵力数的 2 倍 × 武器性能（性质）

第二法则是说，在广域战争中，若武器的性能和士兵的技能处于同等水平，则军队的攻击力与士兵总数量的 2 倍成正比。置换到美发店经营上来说，就是"沙龙力"="员工人数的 2 倍"×"员工业务水平"。就像近代战争中使用机枪和导弹等射

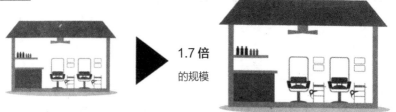

1.7 倍
的规模

要想胜过先开业的美发沙龙，必须要拥有对方店铺大小和员工数 1.7 倍的规模。这对于初次创业的人来说，无论是在资金上，还是在经营管理上都有很高的风险。

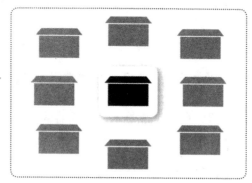

如果在已开业经营沙龙较多的商圈新开店铺加入市场，则难以体现出明显的差异性和特色。

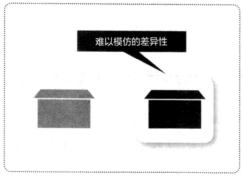

难以模仿的差异性

如果在竞争对手较少的区域新开辟市场，则较易打造出特色。

程较远的武器，双方在远距离对战，在这种情况下适用该法则，由此导出了"强者战略"。

在新加入创业大军之际，这个法则可以作为一个行动指针。比如说，假设自己与所在商圈的一家美发店处于对立的竞争关系时，考虑到对方店铺的大小以及员工总数，可以根据该法则得出本店必须要达到对方店铺大小及员工总数的 1.7 倍才能够胜出的结论。如上所述，该法则可以在讨论开店战略时作为一个判断的标准。尝试独立创业的人中，大多数都会考虑小规模的创业，因此，不应该选择靠扩大兵力压过对手的员工数取胜的强者战略，而应以在没有竞争对手的情况下战斗这一弱者战略为基础，探讨能够"不战而胜"的战略，这一出发点很重要。

9 面面俱到反而无法集客

在着手进行开业准备之际，确定将主要目标顾客群锁定在哪类顾客群体上也是很重要的一点。我们称之为"目标顾客群体定位"（目标市场选择）。

锁定目标顾客群，意味着潜在顾客总数的减少，因此，在顾客回头率相同的前提下，有很多人就会认为："那也就是说潜在顾客总数越多，回头客的数量越会增加吗？"持这种观点的人不会把一部分特定类型的顾客作为主要目标顾客群，而是希望上至老者，下至幼童的各层面顾客都能够光临本店，并且将这种面向全客层的"经营特色"作为"店铺的卖点"。

但是，在消费者看来，这种面面俱到的店铺反而"没有特色"。所谓"面面俱到"，就是将"非特定群体的大多数顾客"都作为目标顾客群。也就是说，来店的顾客类型多种多样。

那么，下面就请对下一页图表中的问题作答。

在目标顾客群体不锁定为特定类型时，就会有如下页问题中出现的各种类型的顾客来店。如此一来，针对不同类型的顾客群，即便能够提供高质量、高水平的服务，要想提高顾客的回头率并使之成为常客很显然是困难重重。

分析容易成为常客的顾客群体类型时可知：对自己的发型不满意、对美发深感兴趣、相比"价格"更重视"价值"的顾

"面面俱到"="没有特色"

剪发
1000 日元

"又快又便宜"
"目标顾客群""卖点"明确

一般普通的
美发沙龙

?
"目标顾客群""卖点"不明确

消费者无法找出差别化的主要原因

你希望哪种类型的顾客到店？

问题1 ☐ 只买必需品的顾客
　　　 ☐ 对想要的东西会冲动性购买的顾客
问题2 ☐ 相比商品和服务的"价值"更重视"价格"的顾客
　　　 ☐ 相比商品和服务的"价格"更重视"价值"的顾客
问题3 ☐ 对自己发型基本满意的顾客
　　　 ☐ 对自己发型不满意的顾客
问题4 ☐ 对美发不感兴趣的顾客
　　　 ☐ 对美发十分感兴趣的顾客
问题5 ☐ 经济上很宽裕，但对美发不感兴趣的顾客
　　　 ☐ 经济上不甚宽裕，但对美发很感兴趣的顾客

客应该更有效、更易于发展成店铺的忠诚顾客。如果能明确提出这类顾客群是店铺的主要目标顾客群，就能打造出"专业性强的美发店"形象，这就会成为"店铺卖点"，最后赢得顾客的"口碑"。

众所周知，"距离近""实惠""便捷""普通"的美发店类型已经处于饱和的状态，这类美发沙龙在吸引客源和营业额上均是苦苦支撑。在充分认识到这一点的基础上再探讨创业战略是十分重要的。

10 如何推导出美发沙龙的经营理念

"针对谁""把何种技术和商品""在何地点何种氛围下""以怎样的形式提供服务"，将这些问题用一句话表现出来就是"美发沙龙经营理念"。换一种说法，也就是说"美发沙龙的经营理念"是店铺的根本，店铺整体运营的基础核心。确定了美发沙龙经营理念这一中流砥柱，就能够保证店面设计、器材、日常用品及备件、传单广告、价目表、招聘启事等所有细节的连贯性。这样，就可以打造出"店铺特色"，形成"与其他竞争店铺的差异性"。

不仅是在美发业界，凡是生意红火的店铺必有其特色。而且，这一特色就会成为店铺的"卖点"，赢得更多顾客的"口碑"。

要想推导出经营理念，首先，要具体明确"想让哪类顾客来店"这一主要目标顾客群。其次，针对主要目标顾客群，研究讨论商品清单和价目表。最后，研究讨论"在何地点何种氛围下为顾客提供技术和服务"，即确定商铺地址、内外装修、日常用品及备件等。在此基础上，再商讨研究待客和服务的方法。

经营理念就是"想要打造的形象 + 消费者需求"

但是，仅靠以上提到的几点确定店铺的经营理念是很危险的。之所以这么说，是因为如此得出的经营理念没有包含顾客

找出美发沙龙经营理念的方法

			优先顺序		
			最优先	其次	再次
顾客层	年龄层	10~20岁			
		20~30岁			
		30~40岁			
		50~60岁			
		60岁以上			
	性别	男			
		女			
		夫妻			
		家庭			
	职业	学生			
		公司职员			
		职业女性			
		兼职主妇			
		全职主妇			
		退休人员			
		其他			
	对自己发型的关心程度	非常高			
		高			
		有点高			
		一般			
		低			
	收入水平	低收入			
		一般收入			
		双职工家庭			
		高收入			

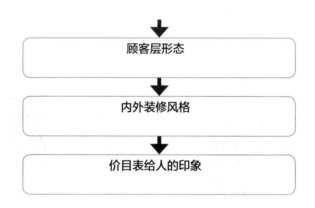

顾客层形态

内外装修风格

价目表给人的印象

的需求。美发沙龙的经营理念不能仅由"自己想要打造的店铺形象"决定，还必须要在想要开店的商区内"得到目标顾客群体的支持"。

因此，对预定将要开店商区进行市场调查、周边竞争店铺调查和走访的目的，也可以说是针对自己提出的经营理念所做的调查。这样一来，对店铺的经营理念产生共鸣而来店的顾客，最终变成店铺的忠诚顾客和强力支持者的可能性就非常高。

吸引顾客的商铺位置和内部装潢

1 商铺选址的基础知识

"在哪个区域开店好呢?"

我看过太多人止步于这一大难题前了。"不成功便成仁"的心态令这些人的行动变得谨小慎微。

对这类人,我的建议是首先对感觉不错的地段进行各种调查,然后再尝试研究探讨开业战略。经过一系列调查后再具体地探讨开店战略就像一次预演,在这个过程中得到的经验和能力一定会在今后实际准备开店时发挥作用。这就是我建议大家对有好感的区域地段进行调查的理由。

下面我们来总结一下商铺选址时的要点。

决定客流量的 4 个要素

① 居住人口、家庭户数、家庭人数。

② 车流量、人流量。

但是,仅以车流量和人流量的多寡为依据,也有可能导致判断错误。还有必要搞清楚哪类人因何目的经过这一地点。另外,由于时间段和日期的不同,经过该地点的人群的类型也有可能不同,这一点也有必要事先调查。

③ 诱导设施。

车站和购物中心等人流密集的设施即被称为"诱导设施"。

开发新的诱导设施能够令所在商圈的人流量发生巨大变化。为慎重起见，请事先确认好该区域今后是否有诱导设施的开发计划。

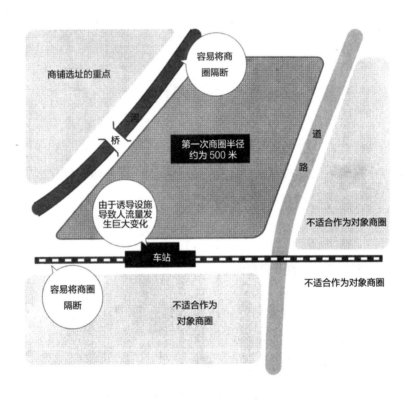

④行动路线。

人有本能地采取以下行动的心理倾向。虽然这些是容易遗漏和忽略的事项，但却是在考察市场和寻找合适商铺时极为重要的因素。

·会选择到达目的地距离最短的路线

·会选择看起来更安全的

·会选择人更多的一方

商铺选址时，也要考虑到以上的消费者心理。

2 不要凭感觉！通过数值把握市场

"美发店能否成功 70% 取决于商铺选址。"换句话说，不论你有多么高超的技术、待客和服务水平，这些也仅仅是取得成功的 30% 的要因。越是对自身技术水平有自信的人，越容易轻视商铺选址，并且认为"自己绝不会失败"。

依靠数据和亲自勘察确认开店备选地

做市场调查的目的在于能够以各种数据为依据，更加明确地把握备选开店地点的区域市场特性。

备选开店区域内都生活着哪类人群？后开业的店铺能否与现有店铺争得一定的市场？自己设想的店铺经营理念能否为该市场所接受？如果答案是否定的，则应该提出什么样的经营理念才能被该市场接受？针对何种顾客层，应该推出何种商品清单和定价标准？这时市场调查的结果就成了综合考量和判断经营战略的基础资料。

市场调查仅靠做各种数据分析是不够的。应该到实地进行考察，全方位地对备选店址亲自观察、亲身感受，并尝试提出问题。哪种店铺哪类客人非常多？反之，哪种店铺生意不好？其理由是什么？怎样做才能让其生意变得红火？像这样着眼于消费者心理和市场特性，探讨和研究经营战略非常重要。

市场调查的目的

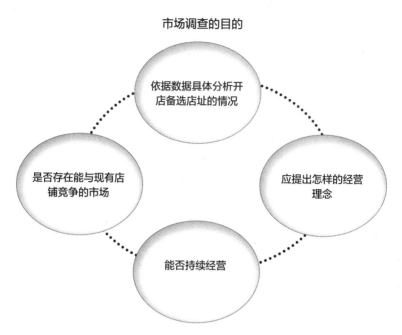

市场调查基本资料及相关调查项目

家庭人口统计	商品清单、定价标准、沙龙经营理念
男女人口统计	商品清单、沙龙经营理念
户数(家庭数)	商品清单、定价标准、沙龙经营理念
人口密度	市场大小、沙龙经营理念
白天人口与晚间人口	白天人多晚间人少则可以判断此区域住户较少
人口增减	人数减少的区域要重点关注、沙龙经营理念
自有住房比例	商品清单、定价标准、沙龙经营理念
收入水平	商品清单、定价标准、沙龙经营理念
超市与便利店	地域特性、消费者动向、人流量、沙龙经营理念
其他商店	地域特性、消费者动向、沙龙经营理念
车站、学校等设施	人流量、商圈设定、价目表、沙龙经营理念
最近车站的上下车人数	地域特性、消费者动向、人流量、沙龙经营理念
地图	人流量、商圈设定、竞争店铺、沙龙经营理念

寻找商铺前先进行市场调查

开店备选地址的区域市场调查，有必要在正式开始寻找商铺前进行。我虽然也见过不少人在开始寻找商铺之后才开始进行市场调查，但这种方式有很大风险。在开始寻找商铺之后，再开展市场调查在时间上就不那么宽裕了，甚至可能产生更大的问题，即选定了商铺之后才发现"在该区域市场条件下，开业后前景不容客观"，这时即便知道这一事实也于事无补了。

3 市场调查的重点

单身人士居多，还是家庭型居多

市场调查所必需的人口统计资料、区域地图等基本资料可以从计划调查地点的地区政府机关处获得。从"人口统计资料"中可以较为具体地掌握不同区域人口的年龄构成、男女比例、人口密度、迁入迁出等人口动态的变化和发展。

另外，用人口总数除以家庭户数，可以得出每户家庭的平均人数。如果得出的每户家庭平均人数低于 2 人，则可以判断该区域单身者居多；若每户家庭平均人数大于 2.5 人，则可以判断该区域多为家庭组成。

通过调查各个区域的人口增减情况，可以掌握该区域人口有增加趋势，还是减少趋势。而且，从白天人口数和晚间人口数以及自有住房比例等数据中还可以掌握该区域的特性。另外，如果去最近的车站进行询问，还可以知道每天的上下车人数。将这样收集来的数据按不同项目分别标注在地图上。人口多的区域用深色，人口少的区域用浅色，用不同色彩涂上颜色，就可以将市场大小、居民类型等信息直观地表现出来。

分时间段、分日期地调查客流量

接下来，调查最近的车站和超市等能在很大程度上左右人流量的设施，并根据人流量的不同，在地图的每条道路上涂上不同的颜色加以区分。客流量的调查也要根据不同时间段和日期进行。一般来说，把以商铺所在地点为中心的半径500米的范围叫作第一商圈，但还要将阻断商圈的河流和道路以及人流等因素考虑进去，研究开店地点所在的商圈。当然，这项工作也要到现场进行实地考察，并将考察结果考虑进去。

综上所述，像这样从各个角度进行调查分析，尽可能地将实际情况用具体的数值分析和把握，就能够对备选店址更加全面、综合地进行判断。

备选店址的类型和特点

备选店址的类型	顾客层	特点
站前商业街	以该区域附近的顾客和出入车站的旅客为中心	回头率高、客单价低；相比较而言，较容易吸引新客源
闹市区	非特定的大多数顾客群	长期营业；有必要打出强有力的店铺特色
商务区	以上班族、职业女性为中心	顾客层较固定，周末顾客少
住宅区	以附近的主妇、家庭为中心	随着开业时间的增长，难以吸引新客源；重点是培养忠诚顾客

人口总数 ÷ 户数
= 平均每户人数

人口统计表

镇名	男	女	总人数	户数	平均每户人数
樱1条	1863	1902	3765	1966	1.9人
樱2条	1245	1236	2481	1220	2.0人
樱3条	1702	1776	3468	1522	2.2人
弘卷1条	1703	1776	3479	1532	2.3人
弘卷2条	1841	2042	3883	1852	2.1人
弘卷3条	1574	1793	3367	1649	2.0人

可以看出，樱3条和弘卷1条相对来说家庭型顾客较多，樱1条单身人士较多

4 制定战略前先了解敌方

在做市场调查的同时，必须进行"竞争店铺调查"。进行竞争店铺调查的目的在于一旦自己作为新加入该行业的一员与对手展开竞争时，能把握和了解对手的情况。"作为新加入的一员在该区域开美发店，能否使经营步入正轨呢？"为了寻找解决这一问题的方法和可能性，才需要对竞争对手进行调查。

实地考察竞争店铺、了解客人的来店情况

竞争店铺的基本信息可以从所在辖区的卫生防疫站处获得。以这一基本信息为基础，全面调查同一商圈内的所有美发沙龙竞争店铺的主页。

在调查竞争店铺时，"实际去现场考察，亲身感受和掌握具体情况"，这一点的重要性自不必多说。了解了床位数、洗发台数、员工人数等店铺规模和技术服务费用相关信息后，就能够大体推测出竞争店铺的营业额。亲自去店里实地调查，还能够了解到该店顾客的类型和来店情况。其他的信息，比如员工的工作状态和情绪等，也是必须实地调查才能够得到的信息。然后，将这些信息和感受做成调查表总结出来。

竞争店铺实地考察不能只做一次。只有在不同日期和不同时间段多次进行调查，才能够得到精确度更高的信息。

竞争店铺调查范例

沙龙名	楼层	镜面	人数	技术	平均年龄	例休日	剪发价格	烫发价格	染发价格	竞争力
A	2	7	5	3	35	周二	5000	5000	5000	C
B	1	7	6	3	28	周二	4000	8000	4000	B
C	1	6	3	2	38	周二	4000	9000	5500	B
D	1	8	7	4	30	周二	4000	8000	6500	A
E	1	6	3	2	50	周二	3500	7500	4000	C

※ 竞争力 A= 生意兴隆　B= 生意还算不错　C= 生意一般，不足为惧

沙龙名	评价
A	环境昏暗，没有生机。不作为对手考虑。
B	有活力，应对得体。有预约的顾客优先。目标顾客是热爱时尚的年轻群体。店头有手写标语和广告，可看出为吸引客源所做的努力。
C	店内设计自然舒适。老字号。能够把握全顾客层的顾客并将之培养为常客。
D	店铺地段好。区域内生意最火爆的一家。员工服务得体。预约平日11点～15点可享10%的优惠。没有较为特别的商品和服务。
E	外观和内饰装修风格均已过时。顾客少。不作为对手考虑。

总　评
从整体来看，该商圈内没有主要针对25~40岁年龄段顾客群体且竞争力较强的美发店。参考市场调查和走访调查结果，进行综合判断后，可认为如果以这个年龄层的顾客为主要目标开店创业，应该可以开辟出新的市场。另外，竞争店铺D因为没有比较特别的产品服务，如果我们能够针对25~40岁年龄层的顾客推出新的产品和服务，应可取得一定的优势。因此，可以考虑采用增加治愈和理疗类产品服务，并从内部装潢上入手提高自身差异性。所有竞争店铺休息日均为每周二，因此还可以通过周二营业，来打造差异性。

在该区域排名第一的店内体验

进一步讲，建议你去造访该商圈内生意最好的区域排名第一的店，作为顾客亲自体验一下该店如何运营。之所以这样做，是因为在该区域排名第一一定有其理由。要自己直接去亲身体验，并努力找到这个理由。这一点是打造该商圈受欢迎的经营理念和探讨开业经营战略时极为重要的。

在讨论是否应该加入这一市场竞争的重要节点上，现有的信息越多，越能够做出正确的判断。

5 倾听消费者心声就能找到正确的战略

对顾客真实意见的走访要做两次

还有一个必须要做的准备工作就是"走访调查"。所谓走访调查，即将准备开店区域的消费者意见，按照不同家庭、类型等分别进行面对面询问、倾听和记录的调查。第一次调查不需要缩小走访对象的范围，而应对各种不同类型的人进行走访调查。走访的目的是为了判断该区域"有哪些市场需求"以及"该商圈市场是否与本店预想的经营理念合拍"。

"您目前经常去哪家美发店？""选择这家美发店的理由是什么？""对这家美发店有哪些不满意的地方？""除了这家美发店之外，您还想光顾什么样的美发店？""何种价位对您来说比较合适？"通过了解这些顾客的真实意见，能更加明确即将开设的店铺应如何运营。另外，消费者对既有美发沙龙的直接意见和评价还是探讨开店战略的重要参考资料。

以第一次走访调查的结果为基础，再次讨论沙龙经营理念和开店战略之后，需进行第二次走访调查。第二次走访调查应以预想的主要目标顾客为中心，围绕沙龙经营理念、商品列表、价格定位、店面装修、开业促销等开店之后的各种事项征求消费者的意见和感受。

走访调查问卷

家庭　　职业　　男·女

您目前常去哪家美发店?	
您选择这家美发店的理由是什么?	
该店剪发费用大概是多少?	
您对技术服务费的收费满意吗?	
您对该店的待客和服务满意吗?	
常去这家美发店的理由是什么?	
对该店有什么不满意的地方?	
您认为周边最火的美发店是哪家?	
您认为理由是什么呢?	
您去(不去)这家的理由是什么?	
您曾更换过美发店吗? 为什么换呢?	
您会对什么样的美发店感兴趣呢?	

POINT ! 根据该调查结果,可进一步明确美发沙龙的经营理念和具体方针。以此调查结果为基础,再次进行走访调查很重要。

走访调查的注意事项

√ 注意仪容仪表整洁
√ 携带名片、员工名牌等证明身份
√ 准备好小礼物和开店优惠感谢信
√ 尽可能询问出住址、姓名,这与开店后的集客息息相关

利用走访调查建立后援团

在进行调查走访的过程中，也要对在该商圈做生意的商店进行走访。这样应该可以得到与个人消费者完全不同的意见和信息。另外，通过这种形式在开店前先跟对方打个招呼，一旦正式开业时，对方可能就会成为较强的助力，例如在其店内放置宣传单或帮助新店进行口碑营销等。对协助调查的人可以赠送一些小礼物并询问联系方式，过后寄送开业优惠券等，这也是一种吸引客源的集客方式。

6 零失误商铺选址要点

商铺铺面大致可分为以下三种类型。

① 目前空置的商铺

对于这类空置的商铺，事先一定要向房地产中介和周围的邻里询问过去曾在此经营的商家是何业种，以及其经营状况和撤店的原因。其中也可能遇到周围居民对商铺本身印象不好的情况，这一点也有必要注意。好商铺很快就会被人承租。因此，看中了之后有必要尽早支付定金，先预订下来。要想做到如此迅速地决断，需要事先做好各种调查。

② 目前正在营业的商铺

这类商铺有个缺点，就是何时才能空下来可以承租是个未知数。因此，这类商铺比较适合目前正常营业，一边运营一边考虑找个更好的商铺搬迁的美发店。

③ 目前正在建的新商铺

这类商铺的特点是周围居民对此关注度高，更有新鲜感和话题性。但是，这类商铺也有租金较市场价偏高的倾向。

综上考虑，可以预见，在寻找合适店铺时可能会花费一定的时间。也就是说，辞职后再开始寻找商铺就晚了。因此，应

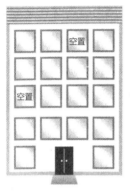

空置的商铺

· 查明过去入驻商户的经营业种及撤店原因
· 好商铺很快就会被承租

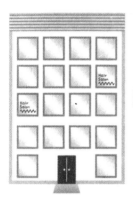

正在营业的商铺

· 易设定具体的开业战略
· 何时才能空置是未知数（向商铺现任业主确认目前租赁合同情况）
· 适合时间充裕的创业者

正在建的新商铺

· 关注度和话题性高
· 租金比市场价格稍高
· 商铺风格形象难以定位

先向目前就职单位的领导表明"想要独立创业"的意向，在得到理解和同意之后，离职前即开始进行如下的准备工作。

·进行诸如市场调查等各项调查，锁定开店备选地址，考察商铺和商圈。

·多次造访房地产中介公司，不断收集信息。

·将目前正在营业的商铺也考虑进去，挑选出"一旦空置就马上签约"的商铺，并将自己的意愿告知房地产中介。

请做好用一年的时间寻找商铺的准备。

7 商铺选址要考虑消费者心理

是不是"从外观看就令顾客想进店"？

毫无疑问，店面"从外观看，是否能令顾客想进店"是寻找商铺时最重要的考虑因素。

大家最想知道的一点肯定就是"具体地说，什么样的商铺能令顾客更容易进店"。我虽在市场调查的项目中曾稍稍提到，但由于篇幅限制，不能把每个案例都做详细解说。

因此，虽然我不能给各位推荐具体的商铺选择条件，但是可以向大家介绍什么才是"能让顾客更容易光临的商铺"的基本思考方式。只要理解了这个方法，就能够对各种不同案例做出恰当的判断。

避免引起人们本能反感的商铺

寻找"易于令顾客光临商铺"时的基本思考方式就是意识到"人的本能"。人都会本能地寻求安心和安全感。换句话说，人都会本能地回避令自己不安和感到危险的东西。

这一本能的行动没有任何理由，而是产生了像"巴甫洛夫的狗"那样的条件反射。也就是说，选择商铺的第一个判断基准就是"该店铺是否能够满足人们获得安心、寻求安全感的本

美容室

封闭的、难以令顾客光临的商铺

Hair Salon

MENU

Welcome

开放式的、令顾客轻松进入的商铺

能""能否本能地判断该店铺没有令人不安的因素和危险"。

以此为基准考虑，楼梯过道狭窄、昏暗，店门入口窄小，空间封闭，店内情况无法从外部判断——像这样的商铺，顾客就会本能地回避。

另一方面，从商铺门前小路到店门口之间设有隔断等空间，这类商铺能被顾客本能地判断为危险和不安全因素较低，即容易轻松进入的商铺。

8 必须检查店铺的可视性和易入性

建筑物和招牌的视觉效果和显眼程度即为"视认性"。在商铺选址时，有必要实际到备选店址周围走一走，确认店铺"从哪个角度、多远的距离来看是什么效果""给顾客留下什么印象"。

"即便离得很远，也能一眼看出是家什么店"，做到这一点非常重要。行人在 10 米开外，车距 50~100 米开外即可发现该店铺，是最低标准。而即便能发现店铺，但如果不能让顾客看出"那家店是经营什么的"以及"那家店有什么特色"也还是无法让店铺在新店开业吸引客源时处于极为有利的优势地位。

先考虑商铺的楼层数

路边的商铺能够很直接地向路过的行人强调店铺的存在感。由于这种商铺类型可产生一种广告效果，因此是最合适的商铺。更为理想的情况是，若门面正面宽度为 1，则进深长度为其 1.4 倍的商铺最为理想。门面宽度越宽，店铺的商业价值越高。

而另一方面，门面过宽容易造成店内顾客无法放松心情的缺点。针对这种情况，需先讨论能否通过改变店内装修的方法安抚店内顾客，并在此基础上判断是否承租。

位于半地下室的商铺和 2 层的商铺一般情况下会比位于 1 层

商铺外部检查表

评价	检查项目	评价	检查项目
	商铺位于几层?		能否设置侧面广告牌?
	从哪个方向能够看到店铺?		店铺是否为西照日?
	能看到店铺的哪个部位?		店内光照是否太少?
	从多远处即可看见?		店前的人流量是否充足?
	显眼吗?		是否有停车场?
	有设置店头招牌的位置吗?		商铺周边是否有障碍物?
	有设置广告牌的位置吗?		周边环境是否良好?
	设置广告牌的空间是否足够?		是否有异味、噪声等问题?
	能否从外部获知店内情况?		与竞争店铺相比,是否有胜出一筹的要素?

评价: A 非常好; B 好; C 不好; D 不好说。

商铺其他检查项目表

	从顾客心理角度分析,能否判断该店易于进入?
	从顾客心理角度分析,是否存在令顾客望而却步的障碍物?
	入口的位置是否合适? 是否方便进入? 路面是否高低不平?
	店铺面积是否合适?
	是否有足够的进深,门面是否过于狭窄?
	从商铺内部看,外面景致好吗?
	去这家商铺很方便快捷吗?
	对顾客来说店铺是否能够令其放松和安心?
	如果不能,能否通过改变内外部装修来弥补?
	室外空调机、热水器等设置位置是否有问题?
	设备的容量(水电燃气)是否有问题?

评价: A 非常好; B 好; C 不好; D 不好说。

的商铺在租金上便宜 20%~30% 左右。但是，在集客能力这一点上却比 1 层的商铺要差很多。

光顾位于 3 层以上商铺的新客源在数量上仅为路边商铺的一半以下。如果不能确保拥有足够维持店铺正常运营且核算有盈利的固定顾客，就应该避免选择此类商铺。位于高楼层的商铺虽可以在招牌上登载店内照片以向路过的行人展示店内的风格和氛围，但仅靠这种方式还是无法抹去顾客本能的不安全感。此类店铺成败的关键在于是否能打造出值得顾客不惜爬上爬下、特意到店消费的魅力。

9 商铺内装需要检查的项目

在正式开始寻找合适商铺之际，需了解和掌握预期开店区域的商铺市场均价。用"租金 ÷ 平方米数"即可算出"每平方米单价"，然后以市场均价为基准判断：该商铺租价跟市场价格相比是高是低。

在此基础上，进一步探究该商铺租价为何高、为何低，以此慢慢培养自己"判断商铺的眼光"。在做到仅看图纸就能够在脑海中得出该商铺的大致情况之前，必须不断地去现场实地考察商铺。

确认"门面朝向"也是不可忽略的一项工作。门面朝南和西向时，由于日照会直射进室内，因此必须在室内装修时加装阻隔日照的隔断。另外，日照也会对店内温控设备的用电量产生影响。

最理想的门面朝向是北向，或者东向。

其他需要事前确认的事项还有：商铺是否预留有空调室外机和锅炉的设置空间；对店招设置空间是否有限制；周围是否有停车场。

另外，商铺周边所处的地理位置也是不容忽视的一个重要因素。比如：假设商铺旁边就是弹子赌博机店和游戏厅，就会给顾客留下不好的商铺印象。其他的比如商铺设在饭店附近，还有必要注意异味和顾客层等问题。

用遮蔽胶带规划店内装修风格

在设计商铺内观时，要先准备好遮蔽胶带、卷尺和数码相机。

分别将剪发区、烫染区、洗头区、休息区、前台区、办公区等不同区域用遮蔽胶带围贴起来、分隔开，这样更易于规划具体的室内装修风格。然后，用数码相机将被胶带分隔出来的各个内装配置区域拍好照，以待之后细致讨论。

设计店内装修风格时应带哪些工具

遮蔽胶带

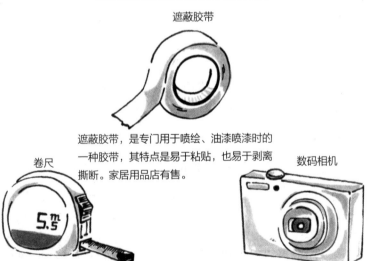

遮蔽胶带，是专门用于喷绘、油漆喷漆时的一种胶带，其特点是易于粘贴，也易于剥离撕断。家居用品店有售。

卷尺

数码相机

商铺内观还需检查这些地方

□门面入口朝向？

　朝南、西: 有必要设置阻挡日照的隔断。店内温控设备的用电量也会增加。

□是否留有空调室外机、锅炉的设置空间？

□店招设置空间是否有限制？

□是否有停车场？

□周边设施有哪些？

　弹子赌博机店、游戏厅: 会造成不良印象。

　饭店: 注意异味问题。

10 签订商铺租赁合同的要点

选好商铺、签订租赁合同——这道手续对于初次创业的人来说会因为不熟悉流程而感到难度较高。因此，在这里，向大家简单介绍一下签订租赁合同的一系列流程。

① 尽早查看商铺内观

寻找黄金地段商铺、租金便宜商铺的不止一家。如果获得了较好的商铺信息，应尽早去实地勘察，亲自确认。如果可能，最好带位熟人一起去，询问其意见，让其以第三者的角度客观地做出判断和评价。

② 争取一定的调查时间

如果找到了"较为理想的备选"，在将自己的意向告知房产中介的同时，还应试着向中介争取一定的时间来进行第③项的自主调查。另外，还要再次确认租赁条件。

③ 进行自主调查

针对较为理想的备选商铺，向商铺周边的居民和商店经营业者征求对"在这个商铺开家美发店"的客观意见，为最终的决断收集信息。

④ 对租赁条件进行交涉

根据第③项的调查结果，最终决定租下该商铺时，需要跟

租赁合同要点

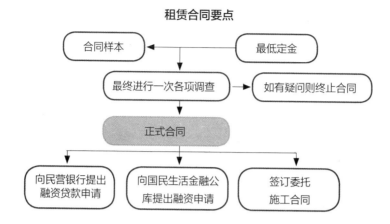

除租金外还会产生其他费用

▲ 押金
　一般来说，押金相当于十个月的租金，但也有例外的情况，需注意。

▲ 押金的返还
　押金一般在解约时返还，届时再重新确定返还金额的情况较多。
　（例）签订了正式合同之后，按以下方式返还押金：
　自合同生效之日起租期未满四年，返还 100%：
　自合同生效之日起租期超过四年，未满七年，返还 70%。
　自合同生效之日起租期超过七年，未满十年，返还 50%。
　自合同生效之日起租期超过十年，不予返还。

▲ 管理费与物业费
　多数情况包含在租金中，但也有例外的情况，需事先确认。

▲ 预付租金
　一般情况下，在签订了租赁合同之后，进行内部装修和开店准备期间即已产生了
　租金费用。

▲ 中介费
　向房地产中介方支付的中介费用，市场价约为半个月至一个月租金。

▲ 定金
　向房主支付"定金"，可将商铺暂时"预定"下来。在最后决定不租的情况下，
　定金不予返还。相反，如果房主决定不出租了，则需将定金全额返还。

▲ 续约费用
　租赁合同的合同期满想要续约时，需要向房主支付一定的续约费。市场价格为一
　个月租金。

房主围绕"租金""押金""中介费"等问题进行交涉。租金跟营业额无关，是每个月都必须支付的"固定费用"。

⑤ 确定装修与设备施工方

对即将签约的商铺，必须确认其是否可以按计划进行装修。确认好"煤气""水管线""招牌""停车场"等设备相关项在设置上是否有限制。如有可能，事先同装修与设备施工方联系。

⑥ 签订租赁合同

仔细阅读租赁合同，对有疑问的地方当场确认，最终达成一致后签订租赁合同。

11 从有经验者处学来的内部装潢注意事项

在进行商铺内外部装修等准备工作时，一定会时常遇到各种各样难以解决的问题。针对这种情况，我想介绍给大家两个解决问题的关键语句。

第一个关键句是："困惑之时，想一想沙龙经营理念。"另一个关键句是："顾客满意至上主义。"在难以决断的时候，回到这两个思考原点就能够做出正确的判断。

素材的感觉要到店内实际确认

关于店铺内部装潢遇到的问题，其中之一就是难以将自己想要的风格和色彩、质感等向店铺设计师说明。店铺设计师将素材的样本给委托人看，选择哪个要由委托人最终决定。

但是，作为外行的委托人基本不可能通过看样本就能想象出最终的装修效果。最终导致的结果就是经常会出现"装修好后的效果跟自己想要的风格不一致"这样的问题。比如：看样本是淡奶油色，但大面积使用后感觉更偏黄了；样本是浅棕色，但大面积使用后，往往会感觉比想象的更暗一些。

因此，我建议你多去各种店铺和公共设施实地考察，亲自确认素材的感觉、光线反射效果、是否能令顾客放松安心等实际效果，这些是仅凭样本和照片无法确认的。遇到认为可以参

内部装修素材的特点

■ 木材

有一定软度和热度，能给人带来安心和沉稳的印象。

■ 花砖

颜色、花纹、大小、材质等分类丰富。从较为便宜的"树脂"类到价格高昂的"陶瓷类"材质，成本跨度很大。

■ 土

硅藻土能吸附灰尘和异味，有很强的吸湿性。灰浆则是石灰和海藻等的混合物，在吸湿性上也有较大优势。这两种材料在施工时可打造出自然、朴素的效果。

■ 玻璃

没有压迫感，因此有令店内显得更宽敞的效果。根据需要使用玻璃砖，可将不想展示出来的区域自然地隐藏起来。

■ 金属

不锈钢、马口铁、铝等金属，可根据想要表现出的效果应用在打造"时尚""复古"感的设计中。照明效果也可能会在表现某种设计时使用。

考的要素，就用照相机拍摄下来，这样在无法顺利向店铺设计师表达自己意愿的时候，就可以展示照片说"就是这家店的这个素材"，这样才能如实传达出自己的需求。

　　店铺内部装修需要注意的一点是，由于是初次打造自己的"城堡"，容易一味地沉迷于自己的想象，过度追求理想化的内部装修设计。越是追求理想化，越会增加施工费用。因此要牢记资金有限，要从实际考虑出发，必要的时候改用成本较低的素材。

12 提高顾客满意度的内部装潢要点

在探讨商铺内外部装修问题时，一定要掌握基本的店铺装修相关的基础知识。在考虑如何进行店铺内部装潢时，从以下三个视角出发探讨非常重要。

令店外的顾客想要进店的内外部装修

店铺的正面叫作"门面"，店外的顾客是否想要踏足该店，是由"门面"给人的印象决定的。在探讨"门面"设计时，以"店外顾客想进入的美发店"为关键词进行讨论是一大要点。

令店内客人满意的内部装修

在店内长时间逗留的客人，即所谓的"高单价顾客"。如果你的目标是打造"高单价美发店"，就必然要探讨需要哪种能令顾客长时间待在店内也安心和放松的内部装修风格以及各种备件。

从店内行动路线角度考虑内部装修

考虑店内陈设时的重点，是优先考虑店内"行动路线"。所谓"行动路线"，是指在店内的人员移动的路线，分为表示顾客移动路线的"顾客行动路线"和表示员工移动路线的"作业行动路线"。

准备舒适的座椅和饮品，打造令顾客放松舒缓的空间。

对于"行动路线"设计的基本思考原则是"各行动路线不发生冲突"和"没有浪费和多余动作，最有效率的移动路线"。另外，从"视野较好的店内陈设"这一视角出发探讨店内设计也很重要。

为了提供令顾客满意的高水平服务，能令员工不需做出多余动作，时刻关注和把握店内整体情况的店内陈设是最为理想的。

针对从顾客到店直至离店期间的"顾客行动路线"和员工的"作业行动路线"以及"视野较好的店内陈设"，可以通过多次模拟，从所有的可能路线中找出最合适的店内陈设方式。

13 照明基础知识

"照明"的使用方法不同，会使店铺的风格和氛围发生很大的改变。

从店铺外部能看到的部分尤其需要照亮

人类有一种本能的习性，那就是"明亮＝安全""黑暗＝危险"。因此，为了能让新客源卸下心理壁垒，轻松踏足本店，店铺入口处尤其要做得明亮。为了让店铺整体从外部看起来明亮整洁，在夜晚或是阴天时可对店铺和招牌从外部进行照明，或从店内向外部打光，倾泻出温暖的光线等，引导从店门口经过的行人踏足本店。这些对顾客的细微关怀十分重要。

决定光线的强度和颜色

照明光线的强度以及颜色会对人的心理产生一定的影响。比如：强光和白光使人活跃，而微弱的光线和橘黄色的光会使人放松。请以美发沙龙的经营理念为基准，同时考虑光线和人类心理的关系对店铺的照明设计进行设计。

制造昏暗

探讨店内照明时，要点之一是确定哪些位置需要照亮。如

照明效果的基本原则

■ 1. 明亮

人本能地认为"明亮"="安全、安心","昏暗"="不安、危险"。因此，从外部观察店铺时，会本能地选择进入相对更明亮的那家店。

■ 2. 确定强调的重点

仅仅是明亮的照明还不够。还有必要从"顾客是否想要踏足本店"这一视角出发考虑照明设计方案，突出展现和强调的重点。

■ 3. 别忘了制造昏暗

照明起到了左右店铺整体氛围的重要作用。如果店内光线明亮，员工在作业时会更加轻松，但是在突出店铺氛围这一点上还有待商榷。利用特意制造的昏暗感，可使空间呈现出张弛有度的感觉。比如：作业区明亮，而相对地将洗头区的照明调整得昏暗一些，打造出放松感，通过这些手法能提高顾客的心理满意度。

果将店内所有地方都统一进行照明，虽然在操作上十分方便，但在打造特色和氛围这一点上则有所欠缺。通过制造昏暗的区域，可在同一空间内打造出张弛有度的氛围。平时可以多勘察各种店铺的照明方式，并尽可能用照相机拍下照片。

近来，耗电少、使用寿命长的 LED 灯的市场需求增加，其种类也越来越丰富了。但是其在价格上较为昂贵。因此，事先最好让设计与施工方估算一下使用"白炽灯""荧光灯"的情况和使用"LED"灯的情况下各自的电费以及考虑到使用寿命时的总费用。

14 吸引顾客到店的店铺招牌和店名

显眼、突出店铺氛围很重要

店铺招牌承担着一个重要的职责，那就是让顾客知道"这里有家美发店"，并诱导顾客来店。店铺招牌设计应以显眼为首要目的。对于没来过本店的顾客来说，很多人都是从招牌的素材、颜色、字体中想象店铺的氛围和服务并选择是否来店。因此，必须要制作易于获得主要目标顾客共鸣的店铺招牌。

作为店铺"脸面"的店名应该"易记""易懂"。比如：主要目标顾客为中老年，比起英文的店名，汉字的店名更容易为其所接受。英文的店名有"不好读""不好记"这两个缺点，因此在起这类店名时应认真考虑。

是个"什么样"的美发店？用一个短句解释

开店后肯定会有顾客询问店名。遇到这一情况时，如果能够给出一个很有意义的解释或故事，就能够给顾客留下深刻的印象。

美发店的招牌常见的是"某某美发店"。这类常见的招牌向顾客传递的是"这是一家名叫某某的美发店"这一信息。但是，从顾客的角度来看，就会认为：除了店名不一样，其他都和一

掌握招牌的种类和目的

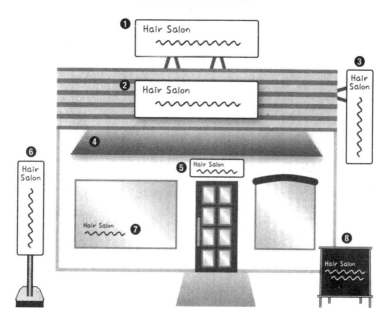

①屋顶招牌⋯⋯⋯⋯ 设置在较高的位置，从轻轨和车站等处看视认性较高。

②墙面招牌⋯⋯⋯⋯一般的招牌。使店铺经营理念和形象一致。

③侧面招牌⋯⋯⋯⋯从建筑物外侧突出出来的招牌。位置和大小是否合适，需要分
　　　　　　　　　别在步行和驾车两种情况下亲自确认。

④店铺招牌⋯⋯⋯⋯对打造自由舒适的风格十分有效。

⑤橱窗招牌⋯⋯⋯⋯正门入口上方设置的招牌。适用于位于丁字路口处的店铺。

⑥立式招牌⋯⋯⋯⋯设置在离店铺有一定距离的地方。位于郊外路边的店铺应用后
　　　　　　　　　可增加开车来的顾客人数。

⑦橱窗标识⋯⋯⋯⋯利用窗户展示营业时间和产品价目表。

⑧Ａ型招牌⋯⋯⋯⋯可移动式广告灯箱。季节性商品服务和企划案可以随机应变。

般的美发店没什么不同。这是因为招牌里并没有向顾客传递出"这是一家什么样的美发店"的信息。在店铺招牌中不仅要体现店名，还应该加入一个短句表现出这是家"什么样的店"，体现出店铺特色和经营理念，这样就能大幅提高招牌的吸引力，与竞争店铺形成差异性。

另外，希望大家一定要灵活运用"A型招牌"这种移动式广告灯箱。因为是移动式的，所以可以根据人流量改变放置的位置，还可以利用灯箱将季节性商品服务和企划案直接向行人进行宣传和推广。从这一点来看，是一种强有力的吸引客源的手段。

CHAPTER

第三章

创业必备融资知识

1 为创业者筹措资金

虽已决意创业，但创业资金需要多少呢？另外，如果创业资金不足，应该如何筹措资金呢？对于初次创业的人来说，会对创业资金的筹措感到棘手。

但是，今后，作为一名经营者必须对美发店整体的现金流进行全面管理。因此，你必须要学会基本的财务相关知识。

首先前往本地资金密集型银行进行咨询

决意创业之后，就要确定贷款银行。很多人认为，创业费用除自有资金之外的不足部分通过向"日本政策金融公库"贷款来补足。另外，很多人也不清楚应该选择哪一家银行贷款。

因此，决意创业之后，首先第一件事就是前往本地密集型银行进行创业咨询，这样就能够获得各种创业相关的信息。重点是一定要去"区域密集型银行"。

自有资金应该准备多少？

考虑通过"日本政策金融公库"贷款的人需要注意其贷款条件是"自有资金需占创业资金的10%"。也就是说，若"自有资金"为100万日元，则可申请的融资金额为900万日元以内，创业资金的预算为1000万日元以内。

融资申请的重点

**创业
计划书**

这是金融机构最看重的一项。
为了让其认为"有了这笔资金，今后的事业就能够步入正轨"，必须制作出有说服力的创业计划书。

**自有
资金**

"日本政策金融公库"有"自有资金必须占创业资金的十分之一以上"的规定。比如，自有资金为 100 万日元，则可申请融资金额为 900 万日元以内，创业资金可使用金额预算在 1000 万日元以内。

日程表

融资申请必须针对实际要开始创业的店铺进行。没有确定店铺融资将不予受理。（面谈咨询之后，日本政策金融公库的负责人员会对准备开店的店铺进行走访核实）提出融资申请应与寻找商铺同时进行。

　　另外，亲戚出资或提供借款时，这种以"赚了钱再还"或"有可能不会被催还款"等方式得到的资金和借款被视为财产"转让"，需缴纳赠予税。向亲属借款时，需制作借款单和合同，并支付其一定的利息。另外，钱款的交接不要私下授受，而应通过银行户头汇款转账，这样可以留下记录作为还款时的证明。

2 首次创业选择个体经营还是企业法人经营?

创业在即，是选择"个体"经营，还是选择企业"法人"经营? 有很多人对此感到不知所措。对于这个问题，如果能够分别正确把握个体经营和企业法人经营的优缺点，就能够轻松解决。

企业法人经营的优点不能一概而论

企业法人经营的优点一般而言主要有以下三点：

· 相比个体经营，社会公信力更高
· 资金筹措更容易
· 即使创业失败，也只需对注册资本范围内的债务负责

但是，对于即将开设美发店的大多数人来说，创业规模不会超不出个体经营的范围，因此，这个定义并不适合。

初次创业的人在探讨创业形式时，需考虑的最重要的一点就是：直接从"税金"这一层面，分别思考两种形式的优缺点，了解"哪种更有利"。

税金的基本计算方式是：营业额 – 费用 = 利润，针对这一部分得到的利润需缴纳税金。

从税金层面分析企业法人经营与个体经营的根本区别

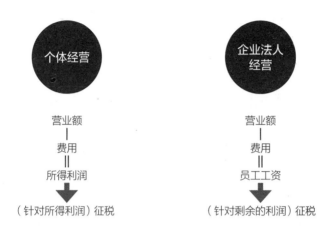

> 　　但是，伴随企业法人经营而来的是各种费用的开销和烦琐的手续，考虑到这一点，除非能够预测到开业后能够立即获得较高营业额，否则还是应该选择个体经营。

营业额越高，企业法人的经营方式越能体现出避税效果。

等店铺经营步入正轨之后，再考虑企业法人经营也不晚

个体经营和企业法人经营的区别即在于"经营者工资（员工工资）"的计算方法。如果是企业法人经营，"员工工资"可计入费用。而个体经营时，店主的报酬则不能计入费用之中。最后会将营业额减去费用之后的差额作为店主的所得，并针对这部分所得利润征收税款。

首先从个体经营起步

因此，如果店主的所得越多，选择企业法人经营的方式越能得到较明显的避税效果。但是，创业之初，由于有很多非预期的花销且营业额收入尚不稳定，因此能否享受到企业法人经营带来的好处仍未可知。

另外，申请企业法人经营需要花费更多时间和费用，还有参加社会保险的义务，在日本还需负担企业法人事业税、法人市民税。因此，选择以个体经营起步，待经营步入正轨之后再转型为企业法人经营这种模式也未尝不可。

3 创业准备费用全部计入费用

开始进行创业准备后，会产生各种各样的费用花销。我们把交通费、业务餐饮费、购书费、各种调查费用等各种店铺经营上必要的花销称为"费用"。费用要从营业额中减去，因此会令"所得利润"减少。利润减少，即意味着需要交纳的税金变少。

何种花销可算作费用?

基本上，"创业相关的所有花销均可作为费用计算"。

因此，凡是跟创业准备相关的所有费用，均应作为创业费用计入。

要想作为费用计入，必须要开具"发票"。发票能够证明该笔款项在"何时、何地、作为何种费用使用"。即便是无法取得发票，如果能够写一张便条记下"何时何地为何花销"，也可以计入费用。

开设创业准备专用的银行账户

接下来，就创业准备中简单的现金管理方法进行说明。首先请准备一个"创业专用存折"，用个人名义开户也可以。然后，今后与创业准备相关的所有现金存入和支取都要通过这个存折进行。

认真管理各项费用

与独立创业准备相关的所有花销均作为开业费用计入费用之中

||

最终使纳税金额减少

上班族 = 需对"工资"所得缴纳"所得税"
个体业者 = 需对"营业额"−"费用"之后的金额缴税

经营店铺所必需的花销基本上都可计入费用。

 原则：如果没有发票，则无法计入费用

购买时尚杂志和数码相机、笔记本电脑或是跟朋友去居酒屋喝酒交换商业信息，这些如果都是经营店铺所需花销则可认定为费用

▼

创业准备时的花费，如交通费、业务招待费、购买纸笔等文具费，这些花销均需索要发票

对究竟有多少花销可以作为费用计入这个问题，市面上出版了很多关于节税、避税的书籍，在创业准备前可以多阅读此类图书，掌握一定的相关知识。

比如：把 10 万日元作为创业准备金存入该存折。然后，支取了 5 万日元作为创业准备，并使用了其中的 3 万日元。已使用的费用有哪些用途，均附上发票以兹证明。然后，将剩余的 2 万日元再次存入该银行账户。如此，就可以精确管理创业经费。

能对资金做出精确管理，是美发沙龙店主必须掌握的一项技能。

4 如何掌控开业前的费用

创业必须花销的费用涉及方方面面，因此大家普遍认为这是一项难以掌控的工作。因此，本书将必要的费用大致分为"开业前费用"和"开业后费用"，再进一步将开业前的费用分为三类，这样便于读者理解和掌握。开业前费用分为以下三类。

商铺租赁的相关费用

租赁商铺时的相关费用主要是定金、押金、开业前的租金等向出租和中介商铺的房地产业主及中介方支付的费用。比较适宜的商铺月租金应该控制在店铺预期月营业额的 10% 以内。签订合同后还必须缴纳一定金额，一般是相当于 6 个月租金的押金以及相当于 1 个月租金的中介费。

另外，一般情况下，签订商铺租赁合同时还需加入火灾保险，而且需注意：商铺装修期间也已产生房租了。

商铺内部装修与翻新的相关费用

商铺装修与翻新的相关费用，即设计费、施工费、装饰器材与备件等花销。

初次创业的店主往往情绪过高，沉迷于自己的想法，结果很容易超出预算。虽然打造能够体现经营理念的内部装修风格

开业必要资金

▲ **商铺租赁费用**

> **小计**
>
> _____ 万日元

签约金: 押金、定金、礼金。相当于 6~12 个月房租 _____ 万日元
中介费: 交给房地产中介公司的手续费。一般相当于一个月房租 _____ 万日元
转让费: 接手转让店铺、设备、备件等时支付的费用 _____ 万日元
租金: 一般而言，越好的地段租金越贵 _____ 万日元

▲ **商铺装修施工费**

> **小计**
>
> _____ 万日元

外部施工: 安装招牌、照明等的必要费用。别忘了让对方估算价格 _____ 万日元
内部施工: 越追求理想化成本越高。在看不到的地方省开支 _____ 万日元
设备、用品: 使用可循环利用的用品很重要，不过也要考虑使用寿命 _____ 万日元
煤气、空调: 前提是别让锅炉和空调妨碍正常营业；不能只考虑价格 _____ 万日元
电话: 电话号码需印在各种印刷品上，应尽早绑定注册；费用在 4 万日元左右 _____ 万日元

▲ **材料、备件等的进货费、运行成本**

> **小计**
>
> _____ 万日元

材料进货费: 选择反馈快、有信用的业主；若可以赊账，尽量选择下个月支付 _____ 万日元
广告宣传费: 名片、店卡、传单与店铺主页等广告宣传费用应提早计算好 _____ 万日元

▲ **你的创业资金**

> **小计**
>
> _____ 万日元

预存金额
亲戚资助（借款）
金融机构贷款

交易的金融机构名称	银行　　　分行
目标自有资金总额	万日元
存款起止年月	年　月 ~ 　年　月
每月存款金额	万日元

很重要，但也有必要慎重管理预算。

日常用品和备件的相关费用

店铺运营中，必要的日常用品和备件的采购以材料和商品的进货费为主，其花销往往比预想的要多。因此需要事先做好必购物品清单，整理好进货地点、商品名、单价、购买数量等信息。

还有一个不能忽略的费用，即"运行成本"。我们不能保证从开业之初即能够按计划使店铺顺利运营，并提高营业额。因此，需要预留一定的运行成本，确保店铺在开业之初的不安定状态下能够维持运营。

5 融资的种类和取得方式

有很多创业者打算向自己常用的银行申请融资贷款，作为创业资金的一部分。但是，即便是常年打交道的银行，一旦你对其提出贷款申请，对方也会给出需要提供担保以及保证人等严苛的条件。因此，应先有心理准备"向银行申请贷款基本无望"。

那么，申请创业资金贷款的一般方法就是利用"日本政策金融公库"和"制度融资"。

从日本政策金融公库获得融资贷款

所谓日本政策金融公库，是日本国家 100% 控股的公共机关，主要目的是为了给难以从民间金融机构申请到贷款的经营者提供支持和帮助。不同区域设有不同的分支受理窗口，因此，想要在哪个地区开店，就要事先在其主页上查询相应的受理分支地点，并前往咨询。

要想获得融资，需注意的一点是：必须满足"已定好了具体商铺""自有资金占创业资金的 10% 以上"这两个条件。另外，从申请融资到正式下发贷款大概会花费一个月左右的时间，因此，在管理和规划开业时间流程表时也需注意。

制作创业计划书的要点

通过日本政策金融公库进行融资

获取创业资金融资贷款最常见的方式，即向"日本政策金融公库"申请融资。该机构的设立是为了给难以从民间金融机构申请到贷款的经营者提供支持和帮助。

不同区域分设有不同的分支受理窗口，因此，要在哪个地区开店，就要事先在其主页上查询相应的受理分支地点，并前往咨询。

要点

满足以下两个条件：

已定好了具体商铺（提交租金和押金等条件）。

自有资金占创业资金的 10% 以上。

从申请融资到正式下发贷款通常需要花费一个月左右的时间，在管理和规划开业时间流程表时也需注意。

1 咨询 虽然申请表可从主页上下载，但还是建议就近前往分理处直接咨询。

2 申请 提交创业计划书与设备投资预算，如果是企业法人还需携带登记表、复印件等必要书面材料，申请融资贷款。

3 面谈与审查 面谈时主要是就创业计划回答一些问题，因此需能够对店铺运营作出说明。

4 通知结果 面谈后起 10 个工作日左右，即会通知一个预计结果。如果这个通知是个好结果，则可基本视为融资成功。

5 下发贷款 收到正式的同意融资通知后，会向你指定的银行账户打款。

利用制度融资

所谓制度融资，即由日本各都道府县和市町村等自治体自主设立的公共融资制度。咨询受理窗口为各自治体的融资负责部门，但实际办理融资的多为其合作金融机构。融资受理条件各个自治体不同，但由于自治体会负担利息，因此这种方式能够以比较有利的条件获得融资贷款。

制度融资通常会利用日本"信用保证协会"来进行融资。信用保证协会是以经营者的保证人的身份参与融资活动的公共机关。另外，如果以信用保证协会的担保获得融资，则必须向其支付一定的手续费。

6 制作《创业计划书》的要点

向日本政策金融公库申请融资贷款时，必须要制作提交《创业计划书》这一书面文件。

创业计划书必须能够客观地反映出"将要申请融资的事业有望获得成功，在偿还贷款的同时能够保证资金充足并正常运营"这一发展前景。

如果计划书不能说明这一点，就无法获得融资，使创业计划受挫。现将制作创业计划书的要点总结如下：

创业动机

要给出"能令第三者信服"的创业动机和理由。

创业经验等

在这一项中，应写进能证明开业后"有能力让该事业步入正轨"的具体理由。围绕迄今为止积累的各种经验和业绩能如何对创业有所帮助，进行自我评价和强调。

经营的商品与服务

在该项中，应列出商品清单和想要提供的商品及服务。

在"卖点"这一项中，写出与其他店铺相比更具优势的"卖点"。在保证原创性和特色的同时，能够对融资负责人起到一定说服作用的内容最为理想。

交易方与交易关系等

在"销售对象"一栏中写上"一般个人"即可。在说明目标顾客群时，最好附上一些调查资料和说明文件等，证明选定的目标顾客为计划开店区域的主力目标，并且能使店铺稳定经营，增加说服力。

必要资金和筹措方法

"必要资金"一项中，需分别填写"设备资金"和"运营资金"。"设备资金"中要填写各种器材、内部装修施工费、商铺押金等，并附上预算书和金额记录明细等。在"运营资金"中，填入两三个月份的进货费用、人工费用、租金等金额。

"筹措方法"中要填写如何筹措到"设备资金"和"运营资金"这两项合计的金额。除去"自有资金""从亲属处获得资助和借款"之外的剩余金额即为从金融机构获得的贷款。

事业前景

＜创业初期＞

不要过于乐观，应填写较实际的、能够轻松实现的数字。对于"营业额预测"有各种各样的计算方式，若按照"平均顾

客人数 × 平均客单价"这一最简单的方式计算，就能算出数值。当然，按照其他营业额预测方法计算也可。

＜经营步入正轨后＞

填写2~3年后店铺经营稳定下来时的预计营业额。

＜说明根据＞

填写各个数值是根据什么计算出来的。

＜利润＞

贷款的金额要从所得利润中返还，因此，如果所作的计划无法使所得利润偿还贷款本金的话，则无法获得融资。个人创业时，还必须要考虑到生活费。因此，说明"利润足够支付还贷金额和生活费"这一点也十分重要。

其中，"计算营业额的根据"是很重要的一点，与能否创业成功密切相关。也就是说，制作创业计划书应能够说明你不是凭感觉和经验创业，而是以数值为依据具体展开的合理规划。

创业计划书　　　　　　　　　　　　（　年　月　日　制作）

姓名 ****

> 请填写创业契机、经历、技术、事业特点等重点内容。

1 创业动机(是什么目的和动机使你决定创业？)

从事美发行业12年、在现工作单位也积累了一定的固定客户群

因此，想和同为发型师的妻子一起开店创业

在 ** 车站附近发现了一家很好的商铺

(店铺位于通往大型购物中心途中的一栋公寓的1楼)

2 经营者的简历等

	年　月	内容	
经营者简历	*年*月	毕业于 ** 美发专业学校	
	*年*月	在 ** 美发店工作4年	
	*年*月	在 ** 美发沙龙工作8年(目前月薪25万日元)	
	*年*月	准备离职(退职金80万日元)	
	以往创业经验	☐无创业经验。 ☐有创业经验,目前仍在经营。 ☑有创业经验,但目前已不再经营。 　　　　　　　　(=>停止时间: 年 月)	
	获得的资格证	☐无 ☐有发型师许可证(*年*月获得)、管理发型师资格证(*年*月获得)	

3 经营的商品与服务

经营商品	①·剪发(包含洗发、吹干)3500日元（占营业额比率　98%)	
	·染发(包含剪发、洗发、吹干)8000日元	
	·烫发(同上)10000日元(占营业额比率　)	
服务的内容	·护理 1500日元	
	②头发护理类产品销售(洗发液等)1500日元(占营业额比率 2%)	
卖点	·使用主要原料为对发质起到温柔呵护作用的护理剂(洗发液等)	
	·提供花草茶和10分钟头部按摩服务,令顾客感到舒适	

4 交易方与交易关系

	交易对象 (所在地)等	占比	挂账形式交易比例	回款与支付条件	公库处理栏
销售对象	一般个人 (现工作单位有固定顾客200人)	％	％	当场付款；日~日回款	·如果销售对象、进货方有关联，请填写。如果有合同、订货单也请附上。 ·必须对销售、进货条件进行确认。也请填写选择该商铺地点的理由。
	附近有购物中心，人流量大，易于获得新客源	％	％	日~日回款	
	其他　公司	％	％	日~日回款	
进货方	**股份商社(**区**) (现工作单位的进货方)	50％	100％	月末日~下月末日支付	
	股份公司(区**) (现工作单位的进货方)	50％	100％	月末日~下月末日支付	
	其他　公司	％	％	日~日支付	
订货方	(　　　　)	％	％	日~日支付	
	其他　公司	％	％	日~日支付	
人工费用支出		每月末		下个月15日前支付(奖金支付月　月　月)	

请事先填写本书面材料，缩短面谈时间。另外，递交本材料之后不予返还。
请尽可能详细地填写，并与贷款申请书一起提交。
如不使用该书面材料模板，也可以提交自己制作的计划书。

续表

5 从业人员

固定职员人数(仅限法人)	人	从业人员人数(正式职员)	人	钟点工兼职人员	人

6 欠款情况 [如果是企业法人经营，则填写法人代表本身的欠款情况(创业资金除外)]

贷款方	用途	剩余欠款	年均还款额
银行支行	□住宅 ☑车 □教育 □信用卡 □其他	76万日元	24万日元
	□住宅 □车 □教育 □信用卡 □其他		
	□住宅 □车 □教育 □信用卡 □其他		

7 必要资金和筹措方法

	必要资金	金额	筹措方法	金额
设备资金	店铺、工厂、器械、备件、车辆等(明细)	870万日元	自有资金	300万日元
	·店铺内外装修施工费(含安装设备)(按**公司给出的预算)	600万日元	从亲属、兄弟、熟人、朋友等处借款	万日元
	·美发椅 3张(按**公司给出的预算)	30万日元		
	·洗头床 2张(按**公司给出的预算)	40万日元	从日本政策金融公库国民生活事业机构借款本金7万日元*72个月(年利率**%)	500万日元
	·日常用品与备件(按**公司给出的预算)	100万日元		
	·押金	100万日元	从其他金融机构借款(明细与还款方式)**信用金库本金3万日元*67个月(年利率**%)	200万日元
	请附上预算表			
运营资金	商品进货费、费用支出资金等(明细)	130万日元	金额一致	
	·消耗品等的进货费	30万日元		
	·广告费等各类费用支出	100万日元		
合计		1000万日元	合计	1000万日元

8 事业前景(月平均营业额)

		创业初期	步入正轨后(预计 年 月)	请填写营业额、营业成本(进货费用)、一般费用等的计算依据
营业额①		95万日元	142万日元	<创业初期> ①营业额 平均单价6000日元(6000×3张×2次翻台×26天 =93万日元) 头发护理产品 月销售额2万日元 ②成本率 15% ③人事费用 专门从业人员1人(妻子)10万日元 租金 10万日元 支付利息(明细) 500万日元×年利率*.*%÷12个月=*万日元 200万日元×年利率*.*%÷12个月=*万日元 计2万日元 其他水电煤气费、消耗品费用等20万日元
营业成本②(进货费用)		15万日元	22万日元	
费用	人工费用(备注)	10万日元	25万日元	
	租金	10万日元	10万日元	<步入正轨后> ①翻台次数2~3次(因为有工作经验) ②仍采用当时的成本率 ③人工费用、增加一名助手增加15万日元 其他各项费用增加10万日元
	支付利息	2万日元	2万日元	
	其他	20万日元	30万日元	
	合计③	42万日元	67万日元	
利润①-②-③		38万日元	53万日元	(备注)个体经营时,不包含店主的工资。

如有其他可供参考的资料,请与计划书一起提交。

· 贷款的还款本金由我方支付。
· 若采取个体经营,则经营业主的工资也包含在其中。

在人工费用中,须写明从业人员人数。

支付利息(每月)按"贷款金额×年利率÷12个月"计算。

7 平衡好平均费用

正式开业后，每个月会产生多少固定费用？

把握好美发店经营的费用问题，一定会对探讨创业计划有所帮助。第 102 页的图中表明了个人店铺各项支出的平均费用占比（开业初期因为会有很多额外的花销，因此示例中的费用平衡表采用的是店铺平均的费用占比）。

租金控制在预计营业额的 10% 以内最为理想

除了以自有住宅开店的业主，其他只要是租赁的商铺，则店铺租金不论营业额多寡，每月都必须交付一定的金额，这笔固定费用支出应以不超过营业额的 10% 为准。

在寻找商铺时，应重点从以下几个方面进行考虑。

①预计该店铺的营业额是多少？

②对于这个预计营业额，商铺租金是否能控制在其 10% 以内？

③为完成该营业额，至少需要几名员工？

④按这个员工数，是否能将人事费用控制在营业额的 40% 以内？

费用平衡图充其量就是个参考指标

话虽如此，但成本平衡说到底也就是一个基准而已，并不是"非这样不可"。

即便店铺租金超过了营业额的10%，也有可能因而使店铺的集客能力增强，不过有时也并非如此。

另外，越是想要多挤出那么点儿利润而一味地削减人事费用，往往越会导致提供给顾客的服务水平下降。

美发店平均费用平衡图

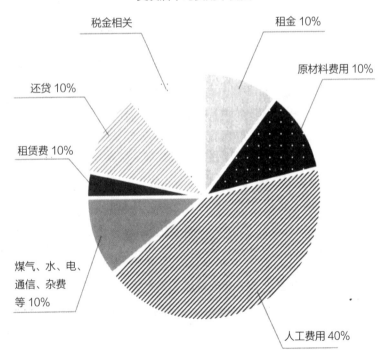

　　而越是注重原材料的品质，对质量要求越高，结果越容易导致材料费支出占营业额的比例超过 10% 的情况。如果要使用进货单价较高的材料时，最好选择易于将原材料成本转嫁到商品价格上的品类。还要补充一点，就是别忘了检验这样做"是否能让顾客满意"。

8 设备与器材租赁时的注意事项

很多店主考虑使用"租赁"的设备和器材等来经营。所谓"租赁"，就是针对购买费用高昂，需花费大笔资金的设备和器材，不自主购买而选择向其所有者（出租公司）进行租借的一种形式。其收费形式是每月定期向出租公司支付一定金额的"租赁费"。

租赁的优缺点

租赁的优点是，手续简单，能够迅速获得想要的设备和器材。

但是，也存在一些缺点。因此，在引进这些设备和器材前需要慎重考虑。比如：带收银机的电脑一体机每个月的租赁费用合计后就是一笔令人咋舌的金额。

在家电量贩卖场中购买普通的收银机，然后用电脑和 Excel 表管理营业额及顾客的数据信息，这种做法也足够应付刚开始营业的一段时间。如果觉得还是不行，那么可以等店铺经营步入正轨之后再讨论是否租赁一体机。

贷款的返还期限是 5 年

在有限的预算内高效地进行创业准备，则必要时考虑以下

关于租赁优缺点的必备知识

优点

①因为不必一次性支出高额费用，因此店铺资金运转会更轻松

②仅需简单手续即可办理

③可防止设备老化与变旧

④不会对资产负债表产生不良影响，可进行设备投资

⑤成本管理简单，易于设定经营计划

⑥由出租公司进行设备的废弃处理

缺点

①租赁费用每月均须固定支出

②不能中途解约

③租赁期长

④租赁费算下来总额比直接购买要贵

⑤如果设备破损，需借方自己维修

⑥租赁期满需返还再重新办理租赁；返还时产生的费用需借方负担

问题，理清各项工作的优先顺序——"这件物品是必需的吗？""必须马上就用吗？""是否有其他成本更低廉的替代品？"等等。

从金融机构处获得的融资贷款是要偿还的，因此最好设立一个 5 年之内还清贷款的还款计划。

设定这个还款期限的原因是，一旦还清了贷款，精神上就会轻松许多。而且开业 5 年后，内部装潢和设备等也会逐渐出现一些故障和问题，因此会产生一定的维修费用，到了必须讨论是否需要翻新和更换的时期了。

因此，从长远的眼光考虑，有必要慎重考虑是否采用"租赁"这一形式。

9 看懂资产负债表

所谓"资产负债表"，一言以蔽之，就是能够表明截至目前时间点，有多少"资产"和多少"负债"，多少"纯资产"。其中需要关注的一项资产就是"存货资产"，即"库存"。

因为想要满足更多的顾客需求，因此增加商品品类，最终容易造成存货资产的增加。对此，每个月都应进行商品和原材料的库存清点，确认是否有不良库存，商品和原材料的备货量是否合适。存货资产的增加会给店铺资金运转带来不小的压力，因此必须严加注意。

毛利增加利润就会增加

损益表（见下页表）中有一项叫"销售总利润"，与存货资产相关。销售总利润是"总销售额"减去"销售成本"后的金额，也叫作"毛利"。

比如：美发沙龙 A 每个月的总销售额（营业额）为 200 万日元，毛利率为 90%，美发沙龙 B 每个月的总销售额为 200 万日元，但毛利率为 80%。则 A 的毛利为 180 万日元，B 的毛利为 160 万日元。

虽然两家美发沙龙的月销售额相同，但到手的金额每个月会产生 20 万日元，合计每年 240 万日元的差距。虽然提升营业

轻松看懂资产负债表的方法

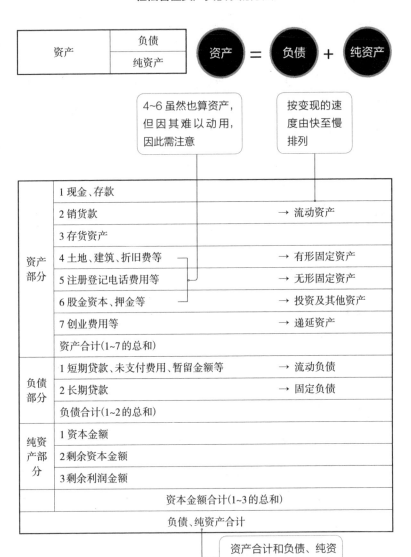

资产	负债
	纯资产

资产 ＝ 负债 ＋ 纯资产

4~6 虽然也算资产，但因其难以动用，因此需注意

按变现的速度由快至慢排列

资产部分	1 现金、存款	
	2 销货款	→ 流动资产
	3 存货资产	
	4 土地、建筑、折旧费等	→ 有形固定资产
	5 注册登记电话费用等	→ 无形固定资产
	6 股金资本、押金等	→ 投资及其他资产
	7 创业费用等	→ 递延资产
	资产合计(1~7的总和)	
负债部分	1 短期贷款、未支付费用、暂留金额等	→ 流动负债
	2 长期贷款	→ 固定负债
	负债合计(1~2的总和)	
纯资产部分	1 资本金额	
	2 剩余资本金额	
	3 剩余利润金额	
	资本金额合计(1~3的总和)	
	负债、纯资产合计	

资产合计和负债、纯资产合计不一定完全一致

108

额也很重要，但提升毛利并削减存货资产才是实现稳定经营不可或缺的手段。

将药水的正确用量规则化

能使毛利率提高的最有效方法就是节约染发剂、烫发剂、洗发液和护理类产品的用量。毛巾蘸满药水都快滴下来了，染发剂的药水瓶还剩下不少就被扔掉了，像这类浪费行为必须尽早改正。

比如：制定好药水的正确用量，每次使用时必须将本次使用量记录在记录表中，形成制度化。这样一来，就能杜绝材料使用上的浪费，提高毛利率。

10 损益表是店铺的成绩单

美发店经营中，明确一段时间内的收益和费用，反映店铺最终得到了多少利润的经营成绩单即为"损益表"。

通过制作损益表，可以具体把握目前店铺经营的整体状况如何。

损益表中应包含的项目

损益表中应包含的重要项目是"3 销售费用、一般管理费用"。在店铺运营过程中，重新评估其中的②、④和⑤项目的费用支出十分重要。

在重新评估时，重在从以下三个角度出发，定期对所有费用再次进行讨论和考量。

①这项费用真的有必要吗？
②有没有能削减成本的替代品？
③从长远考虑，费用效果比如何？

越是追求迎合员工要求、满足顾客需求，越容易导致成本升高，因此，定期检查各项费用支出也是店主的一项重要职责。

损益表必须掌握的内容

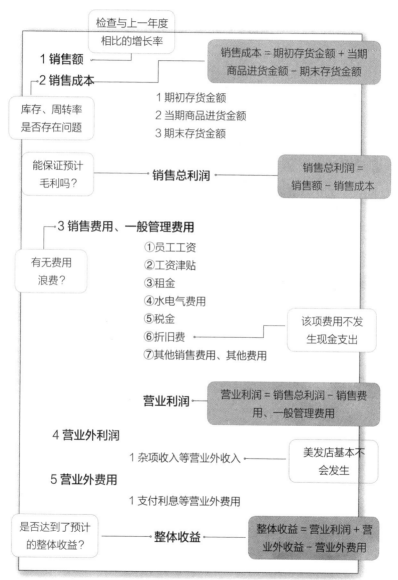

折旧费是什么?

损益表中最难理解的一项就是"折旧费"。

所谓"折旧费",就是在作为初期投资的店铺相关费用中,把认定为折旧资产的固定资产购入费用按一定年限分解,然后将分解后的金额分年度定期计入支出账内。

也就是说,折旧费是把已经支出的费用金额仅在计算上计为费用支出,实际上这部分现金还留在手中。

比如:店铺施工费用 2000 万日元可以按照折旧期 10 年计入折旧费,若折旧后的资产残值率以 10% 计,则以定额法计算可得:10 年折旧期的折旧费用为每年 180 万日元。

11 必须确保劳动生产率

人事费用占营业额的比例叫作"人事费用率"。一般情况下，为了提高顾客满意度，因此店铺需要更多员工。

如果顾客满意度的提高和营业额的提升能够跟员工人数的增加成正比，那经营没有问题。但事实是，有些情况并非如此。人事费用率的增长反而给经营状况带来了恶劣的影响。

因此，能否令营业额和人事费用之间的平衡关系保持在一个适当的比例，是实现美发沙龙稳健经营的重要因素。

"人事费用率高"="劳动生产率低"

将"需要多少名员工才能产生多少营业额"的能力用数字表示出来，即"劳动生产率"。

"月营业额"÷"员工人数"="每名员工每月的平均劳动生产率"。

人事费用率高，换个说法就是"劳动生产率低"。

因此，按照上面的公式，要想提高劳动生产率，方法只有提高营业额（客单价）和"削减人员冗余"两种。

录用新员工的标准即"劳动生产率"

随着原有员工的离职，必然要开始讨论是否招聘录用新员

从劳动生产率角度思考店铺需改善的方面

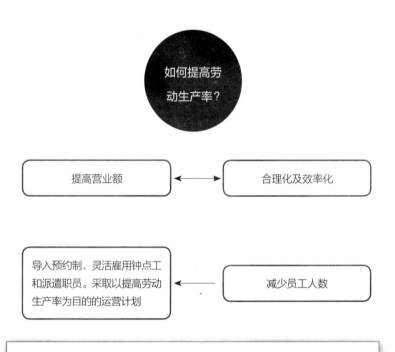

如何提高劳
动生产率？

提高营业额 ←→ 合理化及效率化

导入预约制、灵活雇用钟点工
和派遣职员。采取以提高劳动
生产率为目的的运营计划 ← 减少员工人数

灵活雇用钟点工、派遣职员的好处

√ 比起正式职员，录用更方便迅捷。
√ 可根据不同日期、时间段、季节等有针对性地进行合理有效的聘用。
√ 可使总人事费用减少。
√ 能提高劳动生产率。

工，针对这种情况，我建议以劳动生产率的观点切入问题，进行讨论。

比如：把"每名员工的平均劳动生产率大于 70 万日元时，可再录用一名新员工"这一具体的劳动生产率数值作为衡量是否可以录用新员工的标准，就可以防止由人事费用率的增加而导致的利润率降低。

在员工离职，需招聘新员工时，改变以往沙龙经营的固有方式迫在眉睫。今后应从效率层面考虑这一问题，这才是使店铺经营的财务状况稳定健全的最有效措施。

CHAPTER

第四章

开业战略左右美发沙龙未来

1 签订店铺租赁合同后的日程

重新确认开业前的日程表

签订了商铺租赁合同之后，开始内部装修施工，至此正式进入了店铺开业前的最后阶段。这时，很多店主会因为想让每项准备工作都能准确无误、顺利流畅地完成，反而容易踌躇不前，不知从何开始入手。

为了避免这种情况的发生，在签订商铺租赁合同期间，就应该将开业前需要做的准备工作具体列出来，讨论各项工作的时间流程，并制定好日程表和行程表。

签订商铺租赁合同后应立即开始的准备工作

一旦签订了商铺租赁合同，应立即确认并着手准备以下事项：向"日本政策金融公库"提出融资贷款申请、委托设计装修公司对店铺内部装修施工、器材订货、注册绑定商铺固定电话号码以及员工招聘。

·与员工招聘相关的各项准备

准备好招聘广告，确定好薪资标准、服务规程、商品目录和价目表等。

开业日程表

商铺签约
- · 在店头张贴新店开业公告
- · 开始向周边邻里通知开业信息
- · 取得固定电话号码
- · 办理国民生活金融公库、金融机构融资相关手续

委托进行内部装修施工
- · 确定预计开业日期
- · 第一次员工招聘（开始依次对新员工进行培训），根据需要决定是否进行第二次、第三次招聘
- · 制定商品价目表
- · 最终确定宣传单样稿、确定印刷份数及折放在哪本杂志里
- · 确定各种促销途径并订购
- · 订购名片、店卡、员工卡
- · 最终完成店内印刷品

施工工作交接
- · 购买店内备用品、订购商品并收货

沙龙内览会
- · 利用派发折页广告宣传单，邀请附近顾客参加内览会

仅限附近住户参加的招待会
- · 派发仅限附近居民参加的招待会门票
- · 发放折叠广告宣传单（邮寄）
- · 准备兑换的零钱
- · 最终审核员工培训效果
- · 店内最终检查
- · 员工综合检查

预营业
- · 派发预营业折页广告宣传单（邮寄）
- · 员工综合检查

正式营业
- · 派发正式营业折页广告宣传单（邮寄）

·集客并使之固定化的各项准备

开业促销宣传单的草案最晚也应该在内部装修工程进展到一半之前做好。为此，应将店铺例休日、营业时间、商品目录和价目表等信息最终确定。另外需要注意的是：咨询台、店卡、名片制作等事务上的准备工作会比预想的花费更长时间。店铺网站主页的制作也应该在派发新店开业宣传单之前完成。

·日常用品、备件的准备

事务用品、业务用器材、原材料等的订货应预留出充裕的时间，在此期间，事先做好一览表，内容包括"何种物品，从何处进多少货"。

开业迎宾近在眼前，所有准备工作都必须同时进行。因此必须以简单高效为最优先考虑，制订好计划，依次执行。

2 再次确认开业集客的重要性

"开业集客"效果好坏是能否稳定经营的分水岭

从新店开业后四个月内来店的顾客人数即可看出其一年后的营业额。也就是说"开业后四个月内有多少顾客光临",极大程度上左右了美发沙龙生意的好坏。

因此,必须多花些时间慎重考虑制定店铺开业时的集客战略。

消费者在考虑是否光顾一家店时,一定会先看看这家店开业后,来店的客人多还是少。如果自开业开始一直不断地有很多顾客光临,那她(他)也会想去试试。相反,如果开业后店铺生意一直冷冷清清,就不会让消费者产生一探究竟的欲望。

而且还有一个口碑传销的问题。"听说最近新开业的那家美发店客人很多哦!"如果你听到有人这么说,一定也会想去试试看。

开业战略必须以长远眼光、本着一定要获得未来潜在顾客的目的,通过综合考虑而做出战略决策。为此,应多花些时间认真考虑并制订开业集客的战略计划。

开业集客如此重要

开业一年内来店的顾客总数中约有四成是新顾客

若开业一年内的顾客总数是 5000 人，
则其四成，即 2000 人是新顾客。

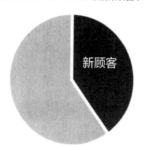

一年内的顾客总数

开业一年内的新顾客中，约有半数是开业 4 个月之内来店的

若开业一年内开店的新顾客是 2000 人，则其中约半数，
即 1000 人是在开业后 4 个月内来店的。

开业一年内的新顾客人数

开业 4 个月内有多少新顾客来店
决定了店铺的成败！
正因如此，开业集客很重要！

123

开业后一年内的顾客总数中，约有四成是新顾客

调查结果显示，在商铺开业后一年内，新顾客的人数约占顾客总数的四成。另外，开业一年内这些新顾客中约有半数是在开业 4 个月之内光顾新店的。

通过这些数据，我们应该能够再次深刻认识和理解开业集客的重要性。

一般而言，新店开业 3 个月后，消费者的关注度就会逐渐下降，新客源来店也会逐渐减少。对此，有必要预先做好战略准备。

3 开业前就要拿下顾客

在店头放置开业海报能起到口口相传的效果

新店开业后，最有可能光顾的是店铺方圆 500 米范围内的第一层商圈（核心商圈）的消费者。另外，根据帕累托法则（二八定律）可以推断，第一层商圈的消费者中约二成的顾客，在店内的消费金额会占到总营业额的八成。

因此，一定要针对第一层商圈的消费者，告知"此区域即将开设一家新的美发店，届时敬请光临"，给他们留下良好的印象。

签订了商铺租赁合同后，应立即在店头张贴新店开业海报。同时还应准备好写有"请随意拿取"字样的开业通知宣传单，放在店外供顾客取阅。

开业通知宣传单的内容重点是让人读起来有亲切感，使顾客对店铺的风格和理念产生共鸣。可加入店主的照片、自我介绍、关注店铺发展的哪些方面等内容，重点是将店主的个性和魅力传达给消费者。将店头通知、开业通知传单、新店介绍推荐，分别作为初次通知、中间准备过程中的汇报、最终开业预告的内容，逐次推进，更能令消费者对店铺抱有亲近感。

像这样，灵活利用店头海报、传单等形式，在内部装修施

写有店主专注于新店哪些方面的贴纸

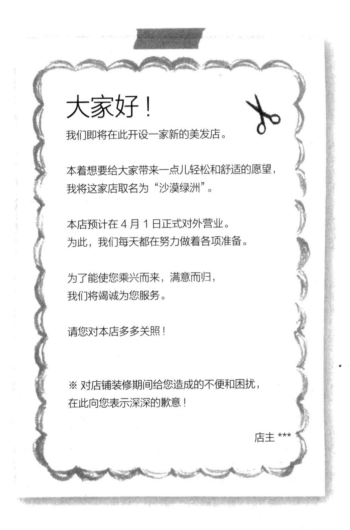

大家好！

我们即将在此开设一家新的美发店。

本着想要给大家带来一点儿轻松和舒适的愿望，
我将这家店取名为"沙漠绿洲"。

本店预计在 4 月 1 日正式对外营业。
为此，我们每天都在努力做着各项准备。

为了能使您乘兴而来，满意而归，
我们将竭诚为您服务。

请您对本店多多关照！

※ 对店铺装修期间给您造成的不便和困扰，
在此向您表示深深的歉意！

店主 ***

工期间就同消费者建立起联系，能令新店开业的消息迅速在该区域商圈的消费者中广为流传。

认真倾听商圈内消费者的心声，使其成为固定顾客

即使已经定下了商铺位置也不能放松大意。讨论新店开业战略时，在时间允许的前提下，请尽可能地倾听该商圈消费者的心声，一定能够得到更多的提示和帮助。

而且，你向消费者征求新店开业的意见时，一心一意的态度也会打动他们。为了日后能给消费者邮寄新店开张的通知和推荐，一定别忘了询问对方的姓名和住址。

4 利用开业通知，获得周边邻居的支持

所在商圈的邻居是"帮你打造声势的助力"

商铺定下来后，接下来就要向营业地点所在区域的邻居告知新店开业的消息。通过这一举动可以使店铺周边的邻居成为给店铺打造声势的好帮手。

让新员工们分工合作，挨家挨户地拜访邻居们，向他们转达新店即将开业的消息。在拜访时别忘了让员工们带上新店开业宣传单和一些作为见面礼的小特产。

这一举措不仅是为了新店开业集客，也是为了提高新进员工的工作热情和团队合作能力。

新店开业宣传单的内容应做两手准备，一种是针对"直接见面的人"，一种是为"主人正好不在家"的情况下准备的。主人不在的时候应将第二种专为不在家的情况准备的传单放入门口的邮箱里。

新店开业通知是营销宣传的基础

如上，在新店开业前就开始做集客准备，能让新店即将开业的消息迅速传遍整个商圈。

正式向大家宣传推广店铺经营理念等新店开业相关的多种

开业集客的宣传单（用于主人不在时）

致亲爱的左邻右舍

开业通知

您好！

　　我们即将在此地开设一家美发店。开业在即，特此向您告知。不巧由于您没在家中，因此将这份通知放入邮箱中，以便您回来后取阅。

　　我是店主冈野文。今后还请您多加关照。

　　为了让附近的居民们生活得更轻松、舒适，我们也想尽绵薄之力。因此，我将本店取名为"沙漠绿洲"。本店以"治愈"为主打特色，敬请期待！

沙漠绿洲所提供的"治愈"有哪些？

□首先，最能让我一展笑颜的便是能让您的心灵得到抚慰！

□店内背景音乐均选取治愈系舒缓音乐，希望能让您感到轻松和舒适！

□等待期间，请享用我们为您准备的花草茶！

□为了让您疲惫的身心获得放松和舒缓，请让我们为您提供按摩服务！

本店预计在 4 月 1 日正式对外营业。

敬请期待！

　　店主冈野文正为沙漠绿洲的开业积极准备，详细内容店主已写在日记中，具体内容可以到店主的博客主页浏览。

→ URL：www.xxx.jp/

（第二页附上地图和价目表）

信息，能加强消费者对店铺的关注度。

在此基础上，再正式进行开业通知。这样做会对开业促销的结果产生重要的影响。

不管你有多少在名店工作的经验，也不管发放了多少新店传单，要想让店铺生意兴隆，最重要的还是该区域的消费者是否支持这家店。

而且，为了得到消费者的支持，首先要做的就是对今后营业地点商圈内的消费者表现出谦虚的态度，并向他们传递令其乐于支持的店主的开店理念和人格魅力。

5 举办"内部展览会"确保开业时顾客到店

举办免费发型设计咨询等优惠活动

店铺的内部装修施工完成后，就可以邀请周边的邻居到刚刚建成的店内参观。

新店宣传的方法和企划方案，可以在拜访附近邻居通知新店即将开业的消息时，在附送的开业通知宣传单中，加上新店开业宣传招待会的入场券，以及到场宾客可享受到哪些优惠等内容。

如果能够跟"现场发型设计咨询"和"假发展"等企划活动一起举办，能使参加人数增多。给到店顾客准备的优惠活动，应尽量设计得能让顾客感到满意和实惠。

另外，饮品和点心等也要准备一些。

对来店的顾客除了优惠活动外，还应提供可在新店正式营业后使用的"优惠券"。

只要来过一次，就不会再对来店有抵触

新店宣传的另一个理由是：尽可能让更多的人来店参观，就能令更多消费者对新店的心理抵触消失，正式营业后就会有更多的顾客到店消费。

通过在内览会上和店主以及员工们的接触，来店的顾客会对新店产生亲近感。这类顾客就会成为新店的支持者，也会将新店的正面评价口头传播给周围的人，是推广店铺的好助力。

在店头张贴海报，去附近居民家通知开业，这些也都是为了"让顾客对新店产生亲近感"。这些行为能确保新店开业后吸引客人到店。

对前来参加内览会的顾客，别忘了询问并记下对方的姓名和住址，以便日后邮寄对当日来店的感谢信。在此基础上，临近正式开业之前，还应正式邮寄开业通知，确保顾客来店。

6 开业宣传单的基础知识

平时就要多发现问题并进行研究

开业之际，准备要在报纸中夹入折页广告宣传单时，应以市场调查和商圈分析的结果为基础，事先讨论确定宣传单适合投放的区域。

另外，关于购买读者群和发行数量，各个报社也不尽相同，因此，应先跟各个报亭取得联系，事先确认好这些信息。

在哪份报纸星期几的刊物内（开业几天前）放置宣传单，也有必要事前确定。"何时投放宣传单效果最好？"平时就应该像这样有目的地读取各种宣传单，这样能得到很多借鉴和提示。

除了报纸折页广告宣传单以外，还有很多种类的广告媒体，可事先研究探讨哪种广告媒体能对目标顾客群产生最大的影响。

制作有效宣传单的要点

很多人都没有制作宣传单和店铺主页等促销广告的经验。

特别需要注意的一点是："酷炫的宣传单"不一定就是"能吸引顾客来店的宣传单"。

还有一点需要注意的是，印刷厂实际上是"印刷方面的专家"，而并不是"制作能集客的宣传单的专家"。也就是说，什

OASIS
沙漠绿洲美发店

开业致辞

您好，我们即将在此地开设一家美发店。我是店主×××。以前我一直作为一名美发师，思考"如何能让顾客满意"，努力地做美发工作。最后，我决定开一家致力于帮助顾客打造在工作场合中闪亮的发型，又能令顾客在来店的生活时间内得到放松和治愈。

请大家多关照！

开业展销会截至 2014 年 9 月 29 日

烫染均享 20% 折扣

· 价目表（暂定标准）

剪发……¥3800 日元
自然彩妆、烫发
……原价 ¥8500 日元　现价 ¥6800 日元
自然拉直
……原价 ¥10000 日元　现价 ¥8000 日元

沙漠绿洲的经营理念

①为想要闪亮度过每一天的女性朋友提供帮助。

②没有最好，只有更好。

③为职业女性打造闪亮发型、易于打理的发型等，根据时间、地点、场合提出不同的建议。

沙漠绿洲向顾客承诺三件事

①为顾客打造最适合的发型
操作前详细询问顾客需求，并提供咨询和建议，根据顾客的发质和个性进行设计。

②真诚的服务
顾客的笑容是我们最大的幸福。为此，我们会提供饮品、按摩等服务，均是为顾客精心准备的。

③提供暂时放松身心的空间
令顾客在沙龙内能够获得暂时的放松和治愈，我们特意打造了这一方修养净土。

沙漠绿洲美发店
邮编 111-1111 东京都世田谷区
TEL：03-000000
营业时间AM10:00~PM8:00
周六、日：节假日营业时间
AM9:30~PM7:30
剪发截至 7:30、烫发截至 6:30
剪发截至 7:00、烫发截至 6:00
例休日：周二　有预约者优先

让您的每一天都过得生气勃勃
为您量身打造最合适的发型

为让每日忙于工作的女性"无须打理，焕发光彩"量身定制的发型，让打理更省时省力。

价目表
剪发 3800 日元　自然彩妆、烫发 5800 日元

让职业女性也能焕发"简单清爽的女人味"仅靠将刘海剪齐与耳线齐平，即可打造出温柔、开朗的形象。

价目表
剪发 3800 日元、自然彩妆、烫发 5800 日元

· 价目表（暂时标准）

●剪发……3800 日元
●烫卷
自然彩妆、烫发……原价 8500 日元　现价 6800 日元
空气烫……原价 10000 日元　现价 8000 日元
●拉直
自然拉直……原价 10000 日元　现价 8000 日元
真板烫……原价 12000 日元　现价 9600 日元
离子烫（改善自然卷及干燥）……原价 23000 日元　现价 18400 日元
●染发
一般染发……原价 5000 日元　现价 4000 日元

沙漠绿洲的咨询服务流程

询问→提案→确认→决定造型→操作→提供在家护理建议→后期跟踪回访

为了能够给顾客提供顾客期望的、适合自己的发型设计建议，咨询服务很重要。使用沙漠绿洲独创的"造型手册"和"咨询表格"来寻找适合顾客的新造型。

造型后两周内出现问题保证免费处理

满意　好像不太对劲儿……

如果回家后，有任何不满意，觉得不好的地方，可凭本店保证卡来店进行修补处理。

当天早上预约也可
婚礼、宴会等的发型造型设计预约可当天早晨来店电预约。

免费提供饮品
在烫发、染发的等待期间我们为您提供免费饮品。

提供客用伞外借服务
如遇突然天降大雨的情况，我们店提供外借雨伞服务，请您放心来店。

么才是能够集客的宣传单，这个问题必须自己去思考。

所以，必须收集如何制作能够集客的宣传单的各类信息，并从中学习要点。不论何种业态，尽可能多地收集各种开业宣传单和自己喜欢的宣传单，将这些全部做成文件。

重点观察和思考这些宣传单中"主要目标顾客是谁""开业企划的卖点在哪儿""何种内容更吸引人"等内容。

7 制作开业宣传单的要点

这一节，我想介绍在制作开业宣传单时的要点。首先，应研究确认宣传单的"主干"和"枝杈"。在此基础上，再添加"树叶"。如果搞错了这个顺序，就容易让做出的宣传单变得不知所云。

宣传单的"主干" = 向谁传达信息

所谓宣传单的"主干"，即明确针对的目标人群，也就是"最想将信息传达给谁"。目标人群和吸引顾客购买的能力之间的关系是"越能够将目标人群缩小和锁定，其吸引顾客购买的能力就越强"，而"目标人群范围越广，吸引顾客购买的能力越弱"，这一点一定要牢记。

比如：如果目标人群是"小到儿童，大到高龄老人"这个范围，那么，要对此考虑出一个开业宣传单的草稿，可想而知十分困难。

还有一点需要注意的就是"店铺比平均水平稍高一点点，处于中等偏上水平"，消费者会认为这就是"普通"水平而已。

宣传单的"枝杈" = 想要传递的内容

要向主要目标人群"传递什么内容"，即宣传单的"枝杈"。这其中应体现店铺的经营理念和主要卖点等内容。

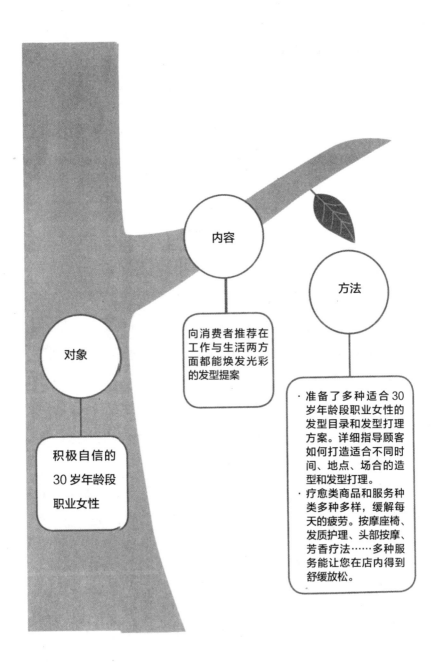

对象

积极自信的
30 岁年龄段
职业女性

内容

向消费者推荐在
工作与生活两方
面都能焕发光彩
的发型提案

方法

· 准备了多种适合 30
岁年龄段职业女性的
发型目录和发型打理
方案。详细指导顾客
如何打造适合不同时
间、地点、场合的造
型和发型打理。
· 疗愈类商品和服务种
类多种多样，缓解每
天的疲劳。按摩座椅、
发质护理、头部按摩、
芳香疗法……多种服
务能让您在店内得到
舒缓放松。

宣传单的"树叶"＝如何传递出这些内容

宣传单的"树叶"，即"用何种方式方法操作"相关信息，才能够具体印证和支持"树杈"的内容。在此基础上，做出若干种类型的广告宣传单雏形，以讨论落实具体的内容。这一方法更适合经验尚浅的首次创业者。

做好了宣传单的草稿之后，要以消费者的视角，按"5W1H"（何时、何地、对象、目的、方式）的方法再次确认草稿是否简单易懂。

8 开业典礼要举行三次

三个月内打造出门庭若市的感觉

新店正式开业，对于店铺经营来说是最盛大的仪式。该商圈消费者对新店的关注度以开业当日为最高点，随着时间的流逝而会逐渐降低。因此，必须尽可能地延长消费者关注的时间，在三个月内努力制造出客源滚滚的场面。

一般的开业模式是：先进行一个月左右的"预营业"，附近消费者来店消费会给予优惠折扣。第二个月举行"开业纪念大酬宾"，消费也享受折扣。第三个月则为"正式营业"，给予折扣优惠。以这样的形式每月开展不同活动，进行为期三个月的企划。

将这三个月时间分三次开展活动，比起只举办一次开业庆典仪式，能切实地吸引更多顾客来店。

进一步说，在开业即将过去的第三个月，可以打出"在您的支持下，我店成功营业了三个月。开业庆典仪式和开业酬宾优惠活动也得到了广大顾客的响应和表扬"这类口号，以新的视角着手准备集客企划案。

给附近邻居的开业宣传单

——特别优惠券——
大家好！沙漠绿洲美发店开业啦！

　　在大家的期待和支持下，我店终于要开始正式营业了。

　　开业在即，我们给大家准备了"特别优惠券"，希望今后大家能够对我们店多多支持。

沙漠绿洲的经营主题是"治愈"

　　我们会以所有员工的真诚和笑容来为您提供优质的服务，给您带来心灵的治愈。店内所有背景音乐均选用治愈系的风格，能令您得到放松和舒缓。

　　在等待的时间里，我们会为您提供花草茶，请您尽情享用。为使您平日的疲劳得到缓解，我们还会为您提供精致的按摩服务。

特别优惠期限为 4 月 1 日~4 月 30 日

在此期间所有商品和服务均享 30% 优惠

提请您注意，在优惠期间所有商品和服务均为预约制。

价目表

剪发…………	4200 日元
烫发…………	11550 日元
染发…………	5775 日元
海娜染发…………	6300 日元
拉直…………	12000 日元
离子烫…………	18785 日元

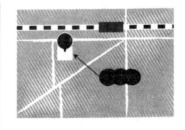

营业时间 10:00~20:00/ 例休日　每周二

预约电话：0120-11-**

进行有效果的折扣活动

开业酬宾的优惠折扣力度定为多少比较合适？这一问题有必要在考虑店铺的经营理念、目标顾客、地域特征等的基础上进行探讨。

前文曾经提到，开业后一年内来店消费的新客源中，约有半数是在开业后四个月内来店的，开业后一年内的来店总客人数中，约有四成是新顾客。因此，提供折扣即可达到吸引新客源的目的还是非常划算的。

在开业庆典这一盛大仪式中，如果没有达到宾客盈门的效果，顾客对新店的期待也会一落千丈。

9 开业的注意事项

考虑好新顾客的操作时间

开业之际，需要注意的是充分考量员工的能力之后，再进行预约受理工作。

如果是熟客，基本上能在一定程度上预测出具体的美容美发时间。但新店开张时来店的顾客，基本上都是新顾客，对于这些新顾客，一定要确保他们成为回头客。

但这时就会有一个新的问题产生：包括咨询、操作、回访咨询等在内的整体接待时间不易判断。

比如：开业期间实施大幅度优惠酬宾，导致大量顾客的来店，超出了员工的接待能力范围，这时应该怎么办呢？即便客人来得多，但如果顾客满意度低，那么就会失去很多回头客，甚至产生不良口碑。

因此在制定开业酬宾期间的价目表时，从员工能力这一层面上考虑定价是很重要的。

预先确定拒绝时的对策

为了避免此类事态的发生，有一个办法就是导入预约制。而且，还有必要将操作时间进行统一，例如剪发一小时、染发

回绝时使用的致歉书

　　首先，感谢您今天在百忙之中还特地光临沙漠绿洲美发店。您难得特意光临本店，我们却不得不回绝了您，对此我们深表歉意！

　　我店全体员工都想要让特意光临本店的所有顾客都能够感到一丝满意，所以，我们不能敷衍了事，而想花更多的时间让您得到优质的服务。

　　因此，为了珍惜您的宝贵时间，恳请您事先来电预约。并给我们一次机会再次为您竭诚服务。

　　为表示今天的歉意，我们将在您下次光临本店时，赠送您本店专用的花草洗发精。小小礼物不成敬意，还望您笑纳。另外，我们还会给您提供免费洗发的优惠。

　　对今天的失礼，我们会用竭诚的服务向您致歉。请您多多关照！

沙漠绿洲美发店

代表　冈野文

营业时间　AM10:00~PM8:00

例休日 每周二

预约电话 0120-11-****

一个半小时等。

　　另外，将可预约时间定为下午 1 点、3 点这样较好划分的固定时间点，更易于将整体的客流调整得顺畅一些。然后再将预约受理时间细分为 15 分、30 分等，就能让店铺整体的运营更加流畅。

　　有时也可能会出现没有预约就来店的顾客，这种情况下必须先考虑好回绝对方的对策。因为是特意来店里消费的顾客，所以为了应对这一情况，可事先准备好表示歉意的信件卡片和一些小礼品或代金券等，重点是让顾客下次还能再次光顾。

CHAPTER

第五章

员工招聘的录用及注意事项

1 新店开业时招聘员工的重点

申请融资贷款前准备好招聘广告草稿

开业前的准备工作中，一个恼人的问题就是如何募集开业员工。还有，就是如何在开业前有限的时间内更高效地进行员工培训。

员工招聘不是刚一开始就马上能够集齐的。而且毋庸置疑，店主肯定也想尽可能招到水平更高的员工。为此，招聘员工的准备工作必须有计划地尽早开始进行。

因此，在选择广告媒体的同时，需准备好招聘广告的草稿。该草稿最晚也应该在申请融资贷款前准备好，按预定的正式开业日期倒数计算，设定好刊登广告的日程表。

做出有效的招聘广告草稿的重点有以下五点：

· 强调新店开业
· 写明具体的店铺经营理念
· 写明开业后店主的决心、关注重点、想法、期望等内容
· 想想如果是自己的话，希望去什么样的美发店应聘
· 参考其他美发店的招聘广告，并学习借鉴

员工招聘广告的成功与失败范例

✕ 失败范例

正式员工工资 / 万日元	** 日元
兼职员工 / 时薪	*** 日元
工作时间	* 点 ~** 点

工作地点: **

应聘条件: 20 岁以上

待　遇: 不定时涨工资
　　　　交通补助

休 息 日: 每周二

NEW OPEN
美容床数量 15 张
OPENING STAFF 招聘

Beauty 美发店

TEL : 00-0000-0000

负责人: **

[简] 万日元 [从业人员] 人

**2014.10
BEAUTY 美发店 NEW**

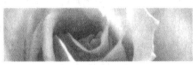

OPENING STAFF
招聘美发设计师、助手若干

> 在广告的冲击力上估计没什么效果

> 什么都不写显得很生硬,不亲切

> 没有经营理念,店铺性质不明确

○ 成功范例

正式员工工资 / 万日元	** 日元
兼职员工 / 时薪	*** 日元
工作时间	* 点 ~** 点

工作地点: **

应聘条件: 20 岁以上

待遇: 不定时涨工资
　　　交通补助

休息日: 每周二

我们期待积极开朗、有工作热情的员工!
全体员工期待你的加入!
OPENING STAFF 招聘

Beauty 美发店

TEL : 00-0000-0000

负责人: **

[单价] 7500 日元 [从业人员] 8 人

"想为更多的顾客服务!"
实现你的职业理想!

每次我看见在站前和店门口发放宣传单的员工们的身影时,就觉得我应该再做些什么。员工们不是为了发宣传单才选择了发型师这一职业的。

本店不靠发宣传单吸引客源,提高营业额。而是靠"提高员工技术水平,为顾客提供更满意的服务来获得营业额的提升"。为此,本店会在提高员工技术水平方面尽可能多地花费时间和费用,并引以为傲。

> 简单一句话,即表明了店铺的性质!

> 强调了店铺的态度

> 照片也是重点!

反馈不佳时改变要求重点

为应对招聘反馈不佳的情况，还要准备好招聘广告替换稿。例如：宣传强调新店开业的广告效果不佳时，就应把广告内容替换成店主对店铺未来发展的想法、店铺的经营目标、工资待遇好等。

另外，刊登招聘广告的媒体不同，读者群也不同，因此应事先多选出几家广告媒体作为备选。

即使有人应聘，接受了面试，也不代表就会被录用，甚至到店工作，必须考虑到最坏的情况。为此，除了正式员工，也应考虑到选择雇用兼职员工或派遣职员，并预先收集一些相关信息。

2 有效的应届生招聘法

美发学校每年 6 月份左右，开始受理应届毕业生的校园招聘。现在应届毕业生越来越难招了，因此，除了固定的招聘申请表，最好制作一份"独创美发沙龙介绍"作为附加资料，以引起学生们的兴趣和关注。

制作"独创美发沙龙介绍"的要点

制作"独创美发沙龙介绍"的要点基本上与制作招聘广告和开业宣传单的思维方式一致。

内容中要体现美发店经营者对店铺经营、顾客以及员工的态度和看法、培训方针、培训方法、培训计划等。另外，如果还能加上一些店内照片、店主和员工照片、娱乐活动、公司旅游等的照片，就能让人更容易明白自己将要在什么样的店铺工作，促使他们应聘。

制作"独创美发沙龙介绍"的好处是无论篇幅长短都不需要花钱。

而且，传达出来的信息越多，就会有跟店主有相同理念和行事方法的人前来应聘，因此更容易招聘到所需的人才。

独创美发沙龙介绍中的店主寄语

美发学校的同学们：

大家作为发型师，未来的目标是什么？为此，你想在什么样的店铺工作呢？

在车站前走一走，就会发现不少美发沙龙的助手在派发传单。
对有些美发店来说，这也许是一项很重要的工作。

但是，本店旨在尽早培养出一流的人气发型设计师，并一直本着这一期望进行员工培训。

因此，在本店，即使在营业时间内也会让员工上手进行练习。这是因为员工的成长和进步才是我们整个店铺的幸福。

我们真诚期待对此深表认同的同人加入。

AQUA 美发店　代表

给应届毕业生的寄语范例

"大家作为发型师，未来的目标和理想是什么？为了实现这个目标和理想，你想在什么样的店铺工作呢？在车站前走一走，就会发现不少美发沙龙的助手在派发传单。对有些美发店来说，这也许是一项很重要的工作。但是，本店旨在尽早培养出一流的人气发型设计师，并一直本着这一期望进行员工培训。因此，在本店，即使在营业时间内也会让员工进行练习。这是因为员工们的成长和进步才是我们整个店铺的幸福。"

像这样写一份给应届毕业生的寄语。

另外，经常去美发学校拜访，同负责就业指导的老师建立起良好的信赖关系也很重要。

3 面试与录用重点

员工决定去哪家美发店工作，其中有多种因素影响。如果员工即便被录用，也经常很快离职的话，很多情况下是录用员工的美发店方面出现了问题。进行员工录用时，重新确认和检查录用体制和培训体系非常重要。

另外，面试时也应该向应聘者传达店主对美发事业的信念、对顾客和服务的想法等。

第一印象很重要

一般的美发店不可能录用数量很多的员工。因此，决定是否录用的关键点就是相信自己的第一印象和直觉，如果犹豫"这位到底录用不录用呢？"，则不录用。

说到"第一印象"，可能一下子让人抓不住重点，难以理解。但是，作为接待顾客与提供服务的发型师，给人第一印象的好坏是很重要的要素。之所以这么说，是因为决定是否想让这位员工提供服务的是顾客自己，而顾客都是凭第一印象进行判断。

试用期间要检验双方是否合拍

在最终讨论是否录用时应设置一个试用期。所谓试用期，就是在最终决定是否录用之前，先进行一段时间的实际工作。

面试时应确认的重点内容

① 确认应聘动机

 为什么选择应聘本店？
对本店的哪些方面感到满意而前来面试？

 是否认同其应聘动机？

② 确认工作热情

 为什么想当发型师？
你认为自己在哪些方面适合发型师这个工作？
想成为什么样的发型师？

 热情越高，越可以期待其积极的工作表现。

③ 确认未来的梦想、目标

 未来的梦想是什么？
未来的目标是什么？
为了达成这一目标，你认为今后应该如何去做？

 是不是有明确梦想和目标的人？

求职员工的动向

√ 黄金周假期前后，容易出现一些应届毕业生员工提出离职申请

√ 夏季休假后、春节后多有开始求职活动的倾向

√ 越是优秀的造型师，离职率越低

156

通常情况下，试用期为一到三个月左右。有了试用期，就能够把握面试时无法检测出的综合能力，在此基础上，就可以决定是否录用。

对于员工来说，也可以通过实际的沙龙工作，实际感受面试时体验不到的店铺和顾客的氛围等，这样就可以决定是否进入这家店铺工作。设立试用期，无论对店铺还是员工而言，都是有好处的。

4 用美发沙龙规则选择开业员工

所谓新店开业，就是把应届毕业生或有工作经验的员工从外部集结、录用后，开始营业。有工作经验的员工由于在各自原有的职场环境中工作过一段时间，因此养成了不同的工作方式、待客态度等。如果有这种情况，那么员工之间小小的差异就有可能在今后发展成为一系列的问题。为了减轻和避免有可能发生的摩擦，在开业之前必须要注意如何才能将员工们团结起来。

把"规则""规矩"作为行动方针

校有校规，在违反校规的时候会有相应的惩罚措施。这么做是因为学生只有遵守所在学校的校规，才能够拥有学籍。我们把这个道理置换到美发店经营中也同样。在面试和入职时，招聘方也会向应聘者说明店铺的规矩和各种规章制度以及其他一些具体细则，在同意遵守的前提下，才能够签订劳动合同。这样在入职后，通过遵守店内规章制度就能够在一定程度上保证全体员工的工作水准。为了做到这一点，制定"沙龙规则"是必不可少的。

本店沙龙规则

①永远以顾客为先

我们的工作就是用美发让顾客得到满足。

我们对顾客提供的所有令顾客满意的服务会产生营业额，营业额与工资挂钩，所有员工都根据令顾客满意的贡献程度获得相应的报酬。

因此，我们无论做哪项工作，都应始终细心关注顾客的行动和状态，以合理应对顾客为最优先考虑。

②开朗、活泼、清爽

开朗热情的笑容和问候、机敏的动作和遣词用句、清爽整洁的仪容仪表和态度，这些不仅能令顾客感到高兴，也会感染一同工作的同事。

本店旨在打造相互间能够轻松愉快地工作的职场环境。

为此，每名员工都应遵守"开朗""活泼""清爽"的原则。

③应答声音清晰洪亮并立即执行

在沙龙工作中，对于所有指示，无论何时都一定要清晰洪亮地回答"是"，明快地应对。

接受指示后你如何应对，顾客都看在眼里。因此对被指示和提醒的事情，一定要马上执行。

曾被教导过的事情，要反复练习，做到不被人反复提醒和讲解。"知而不行，是不知"。

④永远别忘记作为专业发型师的自觉和谦虚

我们的目标是"永远让顾客满意"。

而且，不仅是技术水平，作为专业发型师还应为顾客提供完美的待客服务，尽可能让更多的顾客感到满意，这一点一定要牢记心中。

对真正的专业发型师来说，没有最好，只有更好。通过不懈地努力和学习，成长为一个不自以为是、自吹自擂的谦虚的人。

不论是新人还是老手，都应竭诚为顾客服务。

用"沙龙规则"保证一定的服务水准

"没有规章制度可循""虽然有规章制度，但形同虚设"，如果放任这种状态不予处理，那么细微的不完备之处积累多了，就会提高"顾客流失的风险"。

顾客一般不会特意对店铺或员工口头表达不满和抱怨。所谓"顾客流失"，就是顾客认为"再怎么要求他们也没用"，而对服务失望，不再光顾。

在营业额增长停滞不前时，应该马上对店铺提供给顾客的"技术、待客、服务"等方面进行检查。沙龙规则一旦成为空谈，就会逐渐演变成"员工做事只顾自己方便"。结果就会导致员工对顾客满意度的关注意识淡薄。

员工能够给顾客提供高水平的服务，让顾客高度满意，这样的美发店即使不大幅度宣传，也一定会门庭若市。

5 早会与晚会不能省

在早会上提高全体员工的干劲

你们店开早会和晚会吗？早会是清爽一天的开始。"好啦！这就开工吧！"像这样给全体员工打开工作状态的开关，为此举行的仪式就是早会。

在早会上，首先要全员一起大声复述下页图所示的"接待顾客基本问候语"。接下来，由早会主持人谈一下当天的商品服务和感想，以及店铺整体注意事项等内容。之后，由每名员工依次谈谈今天的工作目标和需要汇报、联络的事项等。最后，全员复述工作原则，并以"今天也请大家面带微笑地工作"作为结语，开始一天的工作。

晚会上，除了汇报营业额，也要像早会一样各自谈一谈对一天工作的反省和感想。最后以"大家辛苦啦"作为结束语。

早会与晚会的主持人要负责提高全体员工的工作热情。全体员工轮流担当主持人，其好处是能让大家理解主持人这一职务的重要性，对这一工作抱有责任感。另外，这样做还能够防止早会与晚会形式和内容千篇一律，兼有锻炼员工在人前说话演讲和勇于发表意见的好处。

早会口号示例

接待顾客的
基本问候
（全员复述）

"您早！"
"欢迎光临！"
"请您稍等。"
"让您久等了。"
"多谢惠顾。"

工作原则
（全员复述）

· "是" 是我们服从的态度。
· "对不起" 是我们反省的态度。
· "谢谢" 是我们感谢的态度。
· "托您的福" 是我们谦虚的态度。
· "让我来" 是我们奉献的态度。

今天我们也要这样努力！
今天也请大家面带微笑地工作！

 从音调把握员工的健康状况
对没有精神的员工应尽早跟进处理

162

从声音判断员工身体状况

在早会上，店铺负责人需要注意的一点是，从员工说话的音调来判断和把握他们每天的身心健康状况。对精神不振的员工，一定要尽早跟进处理。

另外，我还建议可根据需要灵活调整，把早会与晚会延长五分钟，开个"小型会议"。一些小问题不要等到正式会议时再讨论，也可以在早会或晚会时尽早解决。

6 在会议中提高员工士气

商讨年度计划

所谓会议，是为了将店铺整体发展引导到更好的方向而举行的。但是，我们也经常会发现有些会议偏离了这一目的。

我指的是一些整个过程都是针对特定员工的个人攻击、指责其出现问题等的会议。如此一来，召开会议的意义全失，也毫无正能量可言。

会议的主题应该主要围绕年度促销计划以及如何实施的具体方法。

例如：将会议的议题定为"母亲节特别企划"，就能将"倒退的、负面的会议"转变成"乐观正面、令人期待的会议"，这一定能成为改善沙龙职场环境的立足点。

另外，企划案不能半途而废或不了了之，而应在实施后商讨值得反省和改善的问题，研究下次遇到这些问题时的应对措施，能对今后的企划有所帮助。

在下一年度的年度计划表中，如果能将这次企划值得反省、改善的地方以及下次遇到这种情况的应对措施写进去，就相当于提前一年做出了下一年同一月份企划的基础。这样一来，就能够提前有计划地进行企划案的相关准备。

有效会议的要点

主要要点

①再次确认会议的目的。应以"如何针对店铺整体现状进一步改善和提高生产率"这一议题为大前提。

②事先将议题告知员工，整理汇总员工各自的意见。

③在此基础上，让员工依次发表自己的意见，然后全员综合讨论，商议出结果。

④将各种需要反省和改善的问题作为今后修正和改良的参考。

辅助要点

①全体员工均应准备一个专门的会议记事本

②将会议内容做记录和笔记

③会议不要全是严肃的话题

④愁眉苦脸、死气沉沉的会议很无趣

⑤欢欣鼓舞的会议会引起大家的兴趣和注意

⑥创造能让员工畅所欲言的氛围

⑦注意不要变成店主单方面的自说自话

⑧偶尔举办"茶话会"形式的会议也不错

⑨尽可能缩小会议讨论的范围

⑩定好会议结束时间并严格遵守

⑪利用早会与晚会做简单汇报等

用年度计划调动员工的"干劲"

将会议形式像这样做了改变之后，就能将"店主单方面制定的企划案"转变成"反映全体员工共同智慧结晶的企划案"。

对于员工来说，也能够更明确事前应准备的事项并做好充分的心理准备，对下一期应有的工作状态有了具体的想法和理解，这样就调动了员工的干劲。

另外，如果能事先将会议的主题告知员工，在会议召开日之前将各自的意见和建议整理汇总，可让会议议程进行得更有效率。

7 设定员工的营业额目标

由员工自己设定目标

店铺的营业额，无论店主如何努力也不可能简单地提高。要提高店铺整体的营业额，最有效的办法就是最大限度地发挥每名员工的能力。因此，应该灵活运用个人营业额目标计划表。

在决定个人营业额目标时，由员工各自提出目标金额，然后从经营的角度在想达到的金额和该目标金额之间做出调整。

即便被要求达到的营业额和自己设定的目标营业额两者数值相同，在这两个不同方式的努力程度上也有很大的差别。还有一点不可思议的是，自己设定个人目标时，基本都不会设比前年低的金额为目标。

因此，将一年内的个人营业额目标每三个月就让各个员工提出一次。然后将一年内的个人营业额目标每三个月做一张表，汇总在一张表格内。

将年度个人营业额目标每三个月做一个区隔，是因为一年的时间较长，会导致员工干劲下降，容易使提出的目标变为一纸空谈。

3个月目标计划表

	4月	5月	6月	合计
前期个人营业额				
本期个人营业额目标				
占前期比				
结果如何				
前期被点名人数				
本期被点名人数				
结果如何				

针对该目标，具体应该采取哪些措施？

	具体的行动？
4月	
5月	
6月	

	反省、改善、采取措施
4月	
5月	
6月	

考虑3个月后的计划和目标

	计划内容	计划个人营业额目标	具体措施
7月			
8月			
9月			

168

目标要用数字具体表示

无法达成个人营业额目标的原因之一是：没有正确运用能够达成目标的"具体措施"。因此，不仅要设定目标金额，更重要的是"将能够达成目标的措施具体化"。比如：不要写"我会努力提高客单价"，而应将"为使平均客单价上升到 ** 日元，我将向自己负责的所有客人派发适合的升级服务试用券"这类具体的措施写进计划表。

而且，针对计划实施结果的反省也要用"书面"形式留下记录，这样更有效果。

8 工资形态的重点

工资形态大体可分为：①固定工资；②绩效工资（完全按绩效支付工资）；③固定工资＋绩效工资这三种形式。在理解每一种工资形态的特征后，从经营角度和员工各自利益这两方面综合考量，选取一个最合适的方式很重要。

①固定工资

固定工资基本上是以"同等级别、同薪同酬"这一思考方式为准，有家族主义的特点，相比于个人利益，有更重视集体利益的倾向。因此，难以导入竞争机制，对于努力工作的员工来说，容易滋生对自身工资待遇不满的倾向。

②绩效工资

以员工个人营业额为优先考虑的工资形态，这种工资形态以被点名营业额、被点名人数为基准确定报酬，很受追求更高报酬的员工们的欢迎。这种形态说到底是一种跟固定工资的工资制度完全相反的经营模式，比起培养内部员工，更偏重从外部聘请设计师提高营业额。因此，每名员工都有很强的个人主义特点，在美发沙龙内部容易造成职场环境枯燥乏味、缺乏团队合作和协作性的倾向。

工资形态的种类

	特征	缺点
①固定工资制	家族主义 相比个人利益更重视集体利益	难以发挥竞争机制 易形成吃大锅饭的平均主义
②绩效工资制	受追求更高薪酬的员工欢迎	个人主义枯燥乏味的人际关系
③固定工资+绩效工资制	能保持竞争机制和员工干劲 兼顾团队合作	对于追求更高薪酬的员工来讲还不够

让各种补贴成为沙龙的优势

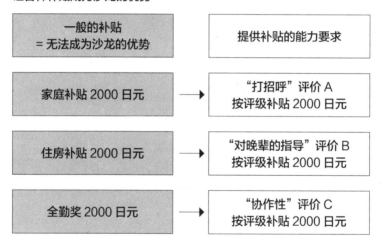

一般的补贴 =无法成为沙龙的优势	提供补贴的能力要求
家庭补贴 2000 日元	→	"打招呼"评价 A 按评级补贴 2000 日元
住房补贴 2000 日元	→	"对晚辈的指导"评价 B 按评级补贴 2000 日元
全勤奖 2000 日元	→	"协作性"评价 C 按评级补贴 2000 日元

171

重新评估各种无意义的补贴

很多店铺靠住房补贴、全勤奖等各种补贴来作为工资制度的补充。但是，即便将这些补贴作为工资制度的补充，员工的劳动积极性也不一定能提高。

因此，设立一些期望员工"能够做到某种程度"的项目，诸如"对晚辈的指导""协作性"等，并对此设立按店主的评价给予报酬和补贴的机制，奖励达到要求的员工，以达到培养员工的目的，这也是一种很好的办法。

9 如何规避员工突然离职的风险

有多年经营经验的美发沙龙店主大多都经历过这种情况：因为员工的突然离职而导致店内工作乱成一团。员工突然离职的问题，虽然作为店主碰到的概率极高，但我认为这其中也有一部分店主的责任，因为没有制定好完善的离职规章制度。在录用员工前认真制定相关规章制度，就能够降低员工突然离职的风险。

其要点就是提早把握员工即将离职的动态，及早采取相应的对策。

确定离职相关规定

其中一个方法就是制定相关规定，如："设计师在有离职计划时，应在正式离职日前至少提前 * 个月提出离职申请。"如有必要，应制定在违反离职规定的情况下，收取罚款的制度。

定期更新劳动合同

另一个方法就是定期跟员工签订劳动合同，也就是定期更新（续签）劳动合同。比如：若每六个月更新一次劳动合同，则 1 月份到 6 月份的劳动合同在前一年 6 月份进行更新。这样一来，就可以提前把握有离职计划的员工，能够更早开始招聘

劳动合同

仅摘取合同内容的一部分

*** 有限公司（以下简称甲方）和 ***（以下简称乙方）按以下条件缔结劳动合同。

第 1 条　雇用开始、更新以及合同期限
（1）劳动合同更新手续　　每年 3 月 1 日 ~3 月 15 日
（2）劳动合同更新手续　　每年 9 月 1 日 ~9 月 15 日
每年两次更新劳动合同。

签订的都是半年后的劳动合同，因此能够事先确认是否有离职意向

（1）　　　的劳动合同更新手续对应的劳动合同期限为
7 月 1 日 ~12 月 31 日。
（2）　　　的劳动合同更新手续对应的劳动合同期限为
1 月 1 日 ~6 月 30 日。

第 2 条　有离职计划时，乙方应不再更新劳动合同，甲方与乙方的劳动
　　　　合同自动于 6 个月后解除。
第 3 条　另外，甲方如果没有意愿在 6 个月后继续雇用乙方，也不再更
　　　　新劳动合同。
第 4 条　对于本合同没有商定的事项和有疑问的事项，在甲乙双方共同
　　　　协商的基础上决定。
为证明本合同的有效性，以上合同一式两份，签名盖章后由甲乙双方各
执一份保留。

　　年　月　日

补充说明　　在离职时，应对各项工作的交接认真负责地完成。另外，
对于自己负责的顾客，也应在交接给新的负责人的同时，向顾客寄送离
职通知信件。

作为补充，加进店铺的各种规定，明确向员工传达离职的方法和流程。

　　　　　　　　　　　　　　甲方　*** 有限公司　　盖章
　　　　　　　　　　　　　　乙方　员工 ***　　　　盖章

新员工。

　　另外，为了降低因员工离职引发的其他风险，尽量不要把某项工作的权限和业务范围过度集中在一名员工身上。沙龙内的所有工作应尽可能让所有员工轮流负责，尽早整合出一套可以将任何一项工作交于任何一名员工的体制。

　　还有，在设计师离职之际，应做好顾客的交接工作，这一点也应制定出具体的硬性规定。

10 业务委托

在美发业界，一般的经营手法是这样的：录用应届生作为新员工并进行单独培训，将其培养成符合店铺需求的员工，最后令其成长为优秀的设计师为店铺盈利，以此来回收前期投资。

现今的时代培养员工困难重重

在美发沙龙数量饱和的当今时代，有很多美发店无论是在时间还是金钱上，都无法像以往那样花费足够的精力和财力去培养员工。"刚刚成为新晋设计师的员工不能委以负责新顾客的重任。"这样想的美发店也逐渐增多。在此影响下，有很多设计师对自己的将来感到十分不安。但是，即便是能创造高营业额的顶级员工，也绝不能断言其对将来不会感到彷徨。如果不具体为他们指明一条可以在所属美发店工作到退休的职业规划，员工就会因为承载过多的压力和风险，而最终不得不选择独立创业。

若不培养继承者就会面临倒闭？

另一方面，店主如果不能顺利将沙龙经营权交接给下一任继承者，那么早晚会被迫面临倒闭撤店的痛苦选择。

因应以上雇用双方的需求，在美发业界出现了专门从事M&A（企业并购）的业者。与此同时，将美发事业简单地定性

"业务委托（个体经营者）"和"公司职员"的区别

	业务委托(个体经营者)	公司职员
合同期限	按合同规定(有期限)	按合同规定(有期限)
时间管理	自主管理	按公司规定
指挥命令	自主负责	服从公司安排和指挥
报酬	按业绩获得报酬(业务委托费)	按公司薪资标准
保险	自己交社会保险	公司负责应缴的社会保险
养老金	自己交养老保险	公司负责应缴的养老保险
所得税	定时申报、自己纳税	在公司年底时调整

业务委托: 沙龙店主的好处 ………… 不必对各类公司员工进行管理。

业务委托: 个体经营者的好处…………作为个体经营者，可直接与沙龙店主交涉并决定合同条件。可按自己的作风和方式工作，可根据自己的生活方式选择工作方式。

令店主和设计师

成为商业合伙人的"业务委托"方式

为"做生意"，录用多名设计师，采取以超低价格吸引顾客的经营模式的美发店也增加了不少。

其中，采用"业务委托"做法的也屡见不鲜。所谓业务委托，即双方不再是以往的"雇主和雇员"的关系，而是以"美发店店主和作为个体经营者的一名发型师"的关系，签订"业务委托合同"。

因此，除了以往的"劳动雇佣关系"，对于这种"商业合伙人"的新型关系也要有所了解。

CHAPTER

第六章

掌握提高营业额的基本方法

1 提高营业额即"客单价 × 顾客人数 × 周期率"

同时提高三要素

要想提高营业额，理所当然只能提高"客单价""顾客人数""周期率"（顾客来店周期率）这三个要素。对于这三个要素，很多店主为了如何才能分别提高每种要素的数值而绞尽脑汁。但是，为了提高营业额，采取同时提高"客单价""顾客人数""周期率"的策略和措施才是最大的要点。

三要素"乘积最大"

首先，我们来具体地看看为何"三要素乘积最大"。

假设有家美发店顾客人数每月 500 人，客单价 5000 日元，平均顾客来店周期为 3.5 个月，月营业额为 250 万日元。将三个要素每项都提高 2%，则"510 人 ×5100 日元 ×1.02= 约 265 万日元"。

仅仅将各项数值提高了 2%，营业额即增加了大约 15 万日元。

而另一方面，如果仅靠一项要素，要想将营业额提高 15 万日元，结果如何呢？

使用派发宣传单等促销手段吸引新顾客，要想提高 15 万日

提高营业额的三要素的策略

提高顾客人数的策略

· 向周围邻居邮寄、派发宣传单
· 活用店铺主页等网络手段
· 开展店铺介绍宣传活动
· 活用免费赠阅报纸、本地杂志等
· 向曾光临过本店的顾客邮寄 DM 广告等拉近关系

提高客单价的策略

· 引进新菜单、新商品
· 开展提高店内单价的宣传活动
· 开展强化咨询服务的宣传活动
· 开展定期回访、指导在家护理的宣传活动

缩短来店周期的策略

· 发行有使用期限的打折券
· 导入提前预约有折扣的体制
· 制作吸引顾客定期来店的 DM 广告宣传单

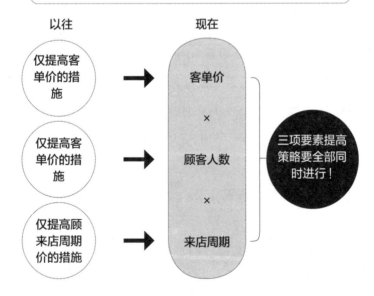

元营业额，则假定平均客单价是 5000 日元，就必须要吸引到 30 位新顾客。

　　而且，这其中还应考虑到宣传单的成本。假设吸引一位新顾客的集客成本是 2500 日元，则吸引 30 位新顾客就必须花费 7.5 万日元的成本。也就是说，总计必须要吸引 45 名顾客才能够在抵消成本的基础上增加 15 万日元的营业额。

　　如上所述，与其在一项要素上倾尽全力，不如在三项要素上分别投入，令三要素同时提高，这样更有效。

2 明确顾客层

营业额的 80% 由顾客层顶端 20% 的顾客达成

在探讨促销计划时，必须对来店顾客进行分析，并正确把握市场现状。因此，首先应制作出所有来店顾客的年度消费金额表，并按照年度消费金额的多少将顾客进行排序、分类。

在完成的列表中，需要提起注意的一点是：在营业额（顾客消费金额）排序中位列前 20% 的顾客，他们的消费金额约占店铺营业额总体的 80%。一般情况下，帕累托法则（二八定律）可应用于美发店经营中的多种问题和场合，因此，必须牢记这一法则。

按这个法则，如果美发店有 100 位顾客，营业额 100 万日元，则位列前 20 名的顾客的消费金额占营业额总体的 80%，即 80 万日元。

反之，其余 80 位顾客的消费金额仅占店铺营业额的 20%，即 20 万日元。也就是说，在提高营业额的各项措施中，首先针对这前 20 位顾客采取行动将是最有效的。

把握顾客层特点

在对顾客层进行分析时，还有一点需要注意，即关注高端

将顾客分类

将所有顾客一并考虑时

· 容易导致企划案焦点不明
· 一季度、一企划
· 所有顾客都重要
· 易演变成折扣减价为主的企划
· 难以打出店铺特色
· 对店铺而言，会不知是针对谁做生意

将顾客分类分析

· 能明确企划案的焦点
· 针对每个目标顾客群的多种企划案
· 虽然所有顾客都重要，但也能注意到每位顾客对店铺的贡献度不同
· 避免进行不必要的折扣减价
· 明确应针对哪类顾客经营，因此能找到具体方法和措施

以往	今后

所有顾客都重视

不论是高端顾客层 20% 的顾客

还是基层顾客层 20% 的顾客

都一视同仁

所有顾客都重要
所有顾客都用同样的企划案
所有顾客都统一服务

对店铺最重要的

是高端顾客层 20% 的顾客

应在企划案内容上做出区别

高端顾客层 20% 的顾客
中间顾客层 60% 的顾客
基层顾客层 20% 的顾客

顾客层、中间顾客层、基层顾客层的共同点。

顾客层不同，对美发店和发型的价值观和需求也不尽相同。也就是说，由于收入水平、职业、家庭、社交关系等不同，顾客的来店频率和消费金额也均不同。

因此，不应以全体顾客为对象考虑营销计划，而应分别针对高端顾客层、中间顾客层、基层顾客层的顾客需求讨论和制订相应的营销计划。

促销效果不理想时，应先检查一下是否将促销计划的对象定位为"全体顾客"。

3 20%的高端顾客层顾客攻占法

简单的降价"NG"

我们具体分析一下20%的高端顾客层顾客。20%的高端顾客层顾客的特点是，经济富足，对发型的关注度高，不易被价格束缚。因此，这20%的高端顾客层顾客能够成为店铺最重要的常客。

因此，对20%的高端顾客层顾客，不应采用简单的降价策略，而应向这些顾客推荐他们较为重视的高端服务，推出新产品及服务等，这样效果更明显。在引进新产品和服务时，应将引进新产品及服务的目的、能给顾客带来的好处等简单明了地总结出来，并将相关介绍呈交给顾客。

这类产品介绍不要以《***宣传推广活动》等一般企划案的推出方式进行，而应采用能将"这是本店仅向特殊顾客推出的……"这一主旨传递给顾客。

20%的高端顾客层顾客应"特殊对待"

在推广以高端顾客层为主要目标的产品时，不能采用有廉价感的大量铺货陈列方式，建议采用将产品"特意拿出来"给顾客的这种特别推广方式。推广方法一旦错误，有可能令好不容易做出来的"专门为您打造的特别产品服务"变得不再"特别"。

所谓前 20% 的高端顾客层是？

√经济富裕

√比起价格更注重品质

√朋友也是同类型高端顾客的可能性较大

√对发型和发质的状态关注度较高

√店铺的常客，对店铺、员工、店主信赖、喜爱

√不易转去其他店铺

√来店频率高

20% 高端顾客层顾客攻占法

√不降价，而通过更高水平的产品和服务、产品开发及
建议等提高客单价

√通过回访、在家护理、造型设计等对顾客的强化服务
提高营业额

√利用信件、短信等进一步加强顾客信赖度，令其介绍
朋友来店

√店方应在平时真诚传达出对特别重要顾客的感谢之情

POP（卖点广告，Point Of Purchase）也是同样的道理。在店内张贴 POP 时，会给人留下"这是面向一般顾客"的印象。应制作 VIP 专用的特殊 POP，一边给目标顾客看一边进行讲解和推销，效果更佳。

"物以类聚，人以群分"，因此人们多愿意与和自己同类的人交朋友。所以在这 20% 的高端顾客层顾客身边肯定有很多人将来可能成为店铺的潜在优质顾客。因此在针对 20% 高端顾客层顾客制订企划的同时，也要牢记"口碑传销"这一途径。

4 60% 的中间顾客层和 20% 的基层顾客层攻占法

我们来探讨除了 20% 的高端顾客层之外的其他顾客层的特征和攻占法。

60% 的中间顾客层顾客也可以称为"平均顾客"。这种顾客容易被价格和流行风尚影响。因此，有必要针对 20% 的高端顾客层的企划案设计做相应改变。

在制订以 60% 的中间顾客层顾客为目标的企划案时，重点在于关注流行趋势和媒体信息，在此基础上探讨并推出有话题性的产品和服务。

降价率要区分中间、基层顾客层

60% 的中间顾客层的消费行为在很大程度上受到价格的影响。必须要注意的一点是，在讨论降价率时，应将基层顾客层的 20% 顾客排除在外，不作为企划案的对象。

这是因为要想调动 20% 的基层顾客层的消费积极性，降价幅度必须要再大一些。

因此，如果将 20% 的基层顾客层顾客作为企划案的对象，则必须只将这 20% 基层顾客层作为目标制订企划案。

攻占 60% 的中间顾客层的要点

√加入目前流行的有话题性的企划案、商品及服务
√有必要多少营造出一些低价感
√通过在店内张贴 POP 等营造氛围也是很重要的要素
√商品陈列的方法采用大量铺货的方式最有效
√同时探讨宣传单、邮寄杂志、免费赠阅报纸、店铺主
　页等吸引新顾客的集客方式

攻占 20% 的基层顾客层的要点

√无意义的降价也有可能导致店铺的格调降低
√容易被价格左右
√由于进行了无意义的降价，可能改变顾客层
√可能因此丢失 20% 的高端顾客层
√如果非要进行降价，则可以另外设计一种企划案，仅
　针对此顾客层，单独邮寄折扣率较高的打折券。

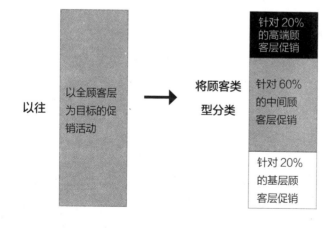

降价的目的在于？

为了让尽可能多的顾客来店消费，因而将大范围的顾客群体均作为目标，探讨和制订企划案，则必然会导致"企划案目标不明确"，并且吸引顾客购买的能力减弱。

因此，如果想提高吸引顾客购买的能力，则只能先打出低价策略。

为了避免这种情况发生，在探讨企划案时，重点应从"主要目标是哪类顾客""为什么选择这个企划案""该企划案的目的是什么"这三个视角出发进行讨论。

5 根据顾客人数考虑经营方向和对策

顾客人数、客单价是沙龙店主应特别关注并检查的重要项目。这两项不应仅用单纯的数字来衡量，将过去三年间的数据用曲线表表示，就能够清楚得知店铺的发展趋势。

如果顾客人数和营业额同时增加了则无问题。但如果营业额提高了但顾客人数却没有增加，或是营业额停滞不前顾客人数却减少了，那么，顾客人数减少导致的营业额下降的部分必然是靠客单价的提高来补足的。

顾客人数减少是危险信号

上面提到的情况在处于衰退期的美发沙龙中极为常见。

一般情况下，客单价的特点是多为顾客的手头是否宽裕所左右。另一方面，顾客人数则是体现店铺的"人气"和"信誉"的标志。

因此，客单价固然重要，然而更应将注意力放在顾客人数的增减上。

如果顾客人数持续减少，就说明顾客对店铺持有不满。

此时有必要对顾客进行紧急问卷调查，找出问题。另外，还应抓紧讨论员工年轻化、店铺重新装修、推出人气新商品服务等。

顾客人数减少时应重新审视的要点

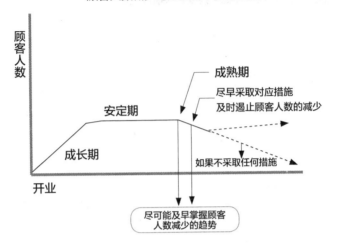

尽可能及早掌握顾客
人数减少的趋势

√对现有顾客进行问卷调查

√重新评估技术、接待顾客、服务水平

√重新评估商品服务清单价目表

√重新评估店铺促销、规划方案

√如有必要，讨论店内外小规模（大规模）重新装修

194

"防止顾客流失" 更重要

很多美发店为了增加顾客人数，将主要精力放在吸引新顾客上。我并不否定这种做法。而虽然吸引新顾客的集客方式很重要，可实际上更重要的是努力采取"减少顾客流失"的措施。

这是因为从结果来看，"减少顾客流失"的措施也就是"提高顾客回头率的措施"。

没搞清顾客流失的真正原因就一味地将力量投入到新客集客上去，是无法实现顾客固定化的。

6 根据店铺生命周期制订战略

如同人的一生，店铺也有自己的生命周期。自开业时起，店铺会经历成长期、成熟期、衰退期的变化。因此，本节将根据店铺的生命周期对店铺经营战略和注意点进行说明。

全力吸引新顾客直至成长期结束

自开业时起，店铺营业时间越长，越难吸引新顾客。因此，直到成长期结束之前，最重要的是采取一切措施全力提高新客源的获得率和回头率。为此，有必要尽早开始构建员工培训体系以及店内各种规章制度，打好能令员工干劲十足的美发店的基础。

从安定期开始以"专业、高端的美发沙龙"为目标

进入成熟期后，店铺整体的新鲜感消失，对新客源的吸引力变得薄弱。

因此，为了尽可能使这个安定期持续得更久，采取"提高店铺专业性""引进特殊性的新产品及服务"等措施必不可少。

新产品服务不仅能够提高现有顾客的客单价，还因其特殊性而能够产生口碑效应，进而开拓出新客户市场。为了能够成功转型"专业、高端的美发沙龙"，在激烈的市场竞争中存活，

根据店铺的生命周期制订战略

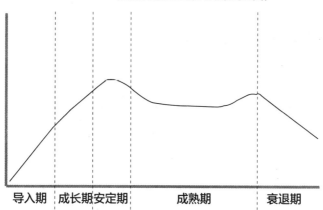

导入期 成长期 安定期 成熟期 衰退期

导入期、成长期的对策

√以集客为主的促销
√培养作为店铺今后战斗力的员工成长为设计师

成长期、成熟期的对策

√讨论引进新产品服务→使其步入正轨
√增加员工人数
√通过录用新员工降低员工平均年龄
√重新评估店铺内部装修

就必须考虑推出这类新产品服务。

员工平均年龄不易过高

到了成熟期，员工的平均年龄也开始有增高的趋势。因此，最迟也应在成熟期结束前将录用的新员工培养成为新晋设计师，或者至少培养成为设计师预备军。

员工平均年龄年轻化是推迟衰退期来临的重点。

另外，到了这一时期，也应该开始考虑和讨论店铺重新改装。因此，这一时期也被称为是再次讨论店铺未来方向性的时期。

7 帮助计划成功的"PDCA"

年度各种企划案，如宣传活动等，均有必要分为计划、实施以及总结这三步骤。而且总结的作用是为下次企划案的计划和实施提供借鉴和反馈，探讨出更有效的企划案推出方式。

也就是说，反复运用 PDCA（Plan·Do·Check·Action）循环体系，对于企划案的成功来说不可或缺。

不过，如果没有获得具体、详细的数据，则无法发挥出各种企划的学习效果，而反复陷入"仅凭经验和直觉推出企划案"的怪圈。

"面向谁、以何目的、何时、如何"实施企划案？

在为企划案做计划时，必须明确该企划是面向谁、以何为目的、何时、以何种方法进行，并且要达到多少营业额的目标。

比如：在成人礼这一传统节日，很多美发店都会在店头张贴海报，推出"本店接受成人式造型服务的预约"等活动，等待顾客的预约，但是如果事先就在记录表上记录好每名顾客的生日，就可以针对有相应需求的顾客进行一对一地推荐和营销。进一步讲，这些作为需求对象的顾客肯定还有很多同龄的同学和朋友，因此，可以在向他们邮寄活动海报的同时附送一张特别打折优惠券，注明只要推荐介绍亲友来店消费即可

企划案实施后的"总结"很重要！

没有进行企划案总结的沙龙　✗

总结企划案并借鉴到下次企划的沙龙　〇

无计划、准备不足的企划案	有计划性地对企划案进行周密准备
↓	↓
没有针对企划案的明确的营业额目标，无法提起员工工作热情，没有事先对顾客传达企划案的内容	有针对企划案的明确营业额目标；员工工作热情高涨，对顾客事先传达企划案的内容
↓	↓
未对企划案的失败进行充分的总结和反省	认真总结企划案的成功因素
↓	↓
多次重复同样的失败	令企划案的水平更上一层楼

企划案总结

企划案的总结点	YES	NO
为向顾客渗透企划案的内容，事先是否进行了派发传单等促销活动？		
店头、店内的POP是否达到效果？		
该企划案是否提出了明确的人数、营业额目标？		
企划案的内容、花费金额、举行时间是否合适？		
企划案是否有足够的时间准备并优化战略？		
员工是否对该企划案认同并热情高涨？		
是否已将企划案的结果用数字进行具体化？		
是否达到了预期的目标人数和营业额？		
能否找出下次企划需要改善的地方？		

享受打折。另外，还可以提供其他店没有的特殊服务，如免费接送等。

最后要对企划案的结果进行总结分析，具体讨论是否对目标顾客有足够的吸引力，企划案推出的时间是否合适，企划案推出的方式、费用、促销方法等是否存在问题等，找出需要改善的地方，并体现到下次企划案中。

小规模的美发沙龙大多数在企业的推荐介绍等方面的事前准备不够充分，这类沙龙的共同点是，在企划案本身的开展时间上容易发生延迟。究其原因，多是因为没有制订年度促销计划。特别是那些无论进行了多少次企划活动，都难以达到理想效果的美发沙龙，想必是因为忽视了对企划案的总结。

8 精心设计价目表能提高产品价值

一旦进入成熟期，市场行情会突然跌落

每年梅雨季节一到，很多美发店就会开始主推拉直和离子烫等企划活动。在美发店饱和的区域，还会出现同种品牌的离子烫药水各家美发店的定价不同的现象。

在消费者的眼中，究竟是如何看待这些价格上的差异的呢？

"如果是同品牌的离子烫，价格便宜的美发店会只做离子烫，而一般不会给头发做修剪，还是直接交给信赖的发型师全权负责比较省心。"

这种想法也合情合理。

在生产厂商推出新的品牌系列商品，并积极进行广告宣传活动期间，美发店同时将这个品牌向消费者们进行宣传和推荐对于自身来说也有一定好处。但是一旦这个品牌销售进入了成熟期，就会有店铺开始打折降价。这个就是在价目表上直接使用生产厂商产品品牌名的风险。这种情况不仅限于离子烫。

对于同样名称的商品服务和技术，即便美发店不同，消费者也会认定是同一种技术和服务水平。

与其他店铺区别化的商品清单示例

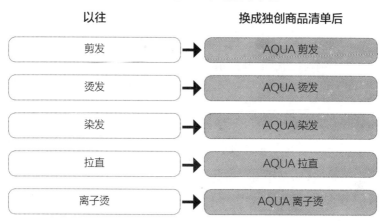

独创商品清单的好处

用独创的名称打造区别性

因此，为与其他店铺区别，应在技术商品清单上加入独创性，制作本店独创的商品清单价目表。这样既可避免卷入价格竞争，又能谋求区别于其他店铺的差异性。

这一思考方式可以全面应用在所有技术商品清单中。如果是剪发的话，价目表上不要仅标注"剪发"，而应标注"**剪发"。将所有商品服务都改为独创的名称，就能够与其他店区别化，避免卷入价格竞争。

9 利用新商品服务迅速提高客单价

提高营业额的要素之一是"客单价"。提高客单价的方法之一是引进新的商品和服务。为此，平时应多关注和收集一些药水、新商品等的信息。

将常客共有的困扰和改善点写入调查表

提高营业额的措施从店铺的常客入手，其效果更为明显。重新探究常客们的需求，并为其进行新的推荐和建议，往往能够创造出新的市场需求。首先，制作店铺常客专用的调查问卷，在调查表内写上常客们多为哪类共同的问题而困扰、能够改善这一问题的新商品服务以及检查项目。

比如：中老年女性一般多有头发"无光泽、无弹性、易断"的困扰。因此，应在调查表中设置一些针对光泽、弹性、易断等困扰的检查项目。在此基础上，再加进一些能改善以上问题的商品和服务项目。

新技术与新商品必须让员工深刻体会

在新技术和新商品的引进上最重要的是新商品和技术必须让员工能够深刻体会。

在美发业界，新药水和商品层出不穷，这些新的产品在宣

常客的心声能带来很多提示！

请协助填写调查表

首先，对您一直以来对沙漠绿洲的支持深表感谢。

我们会更加努力，不辜负您对我们的期望！

因此，请您协助我们填写一下调查问卷的内容。

1 您对自己的头发有困扰和不满意的地方吗？

☐ YES   ☐ NO

2 回答 YES 的，请问您的困扰主要在哪些方面呢？

☐ 发质受损   ☐ 白头发较多   ☐ 没有弹性和易断

☐ 发量稀少   ☐ 脱发较多

3 今后，我们将要推出能够解决以上所有困扰和问题的新技术与新商品。那么，如果我们引进了能够解决以上所有困扰和问题的新技术新商品，您是否想要试试呢？

☐ 一定要试试   ☐ 如果内容和价格合适，想要试试

☐ 现在还没想好   ☐ 不太感兴趣

4 如果我们引进了能够解决以上所有困扰和问题的新技术与新商品，可否向您邮寄相关的宣传单和介绍推荐呢？

☐ YES   ☐ NO

我们想要努力做得更好！

因此，如果您有哪些希望本店"改善的地方"，

无论是什么问题，都请您将想到的问题写在下方。

感谢您的合作

206

传推广时给美发店赠送试用装更是家常便饭。因此，越是经验丰富、工作年限长的设计师，越容易对这些新商品和服务的兴趣和关注度降低。

结果就会发生设计师还没有详细掌握和理解新商品和服务，或没有实际使用过，就向顾客推荐的情况。

因为这种推荐缺乏说服力，无法令顾客动心。

新技术和新商品必须要先试用，再将"使用者的实际体验和直观感受"传达给顾客。

10 如何使新商品和服务步入正轨

为使新商品和服务的销售步入正轨，必须先考虑清楚"如何让顾客了解新商品和服务"。为此，第一步必须先明确要针对哪类目标顾客，推荐和介绍哪类新商品服务。然后，再讨论适合目标顾客的宣传策略。

新品推荐信要寄送三次

因此，必须要做的是：首先，将"引进新商品和服务的目的"写在新品推荐信里，然后寄送给目标顾客。其次，在准备引进期间也应寄送同样的新品推荐信。这样一来，顾客就会对新商品和服务抱有更大的兴趣和期待。最后，在实际推出前再次将新商品和服务的推荐信以及试用券等一起寄送给目标顾客。

在引进新商品和服务时，只寄送一次新品推荐信的案例很多，但如上所述分三次将引进目的、中期进展以及推出前最终的推荐信寄送给顾客很重要。

利用"顾客反馈"作为促销手段

在寄送推荐信的同时，也利用手机短信和店铺主页来推荐更能够加强顾客的期待感。还有，在推出新商品和服务后，回访使用了新商品和服务的顾客，并将得到的"顾客反馈"总结

花时间进行三次宣传能令结果产生差别

邮寄引进新商品服务的推荐信 DM 第一弹

> POINT
>
> **不过多披露具体内容，令顾客产生期待**
>
> "感到毛发稀薄"
> 有很多顾客对此深感困扰。如今，能够解决此类困扰的新商品已经开发出来了。本着对消费者负责的态度，我们还在探讨该商品是否值得向您推荐。

邮寄引进新商品服务推荐信中期经过报告 DM 第二弹

> POINT
>
> **通过准备引进新商品服务的员工的试用推荐，令顾客产生亲近感和期待感**
>
> 前几天向您推荐的能够解决"毛发稀薄"困扰的新商品，我们对此举办了一场学习会，全体员工参加，并一致认为这是一个成功的、具有划时代意义的商品。
> 因此，为能够自信地向您推荐，目前全体员工都在努力学习这款产品的使用。不久之后，即可向大家介绍。

邮寄正式推出新商品服务推荐信 DM 第三弹

> POINT
>
> **最后说明具体内容，增加顾客期待感。同时，邮寄试用券。**
>
> 让您久等了。我们终于推出了能解决"毛发稀薄"困扰的新商品。
> 我们员工在实际使用后，确定可以自信地向有此类困扰的顾客推荐这款商品。

> 尝试了新商品的顾客，让他们写下使用后的感想，作为"顾客反馈"登载在短信推荐和 DM 等中。可作为对还没有使用过新商品的顾客的促销手段。

归纳做成小册子也是很好的办法。这可以作为对还没有使用过新商品和服务的顾客的促销手段。当然，对还没使用过新商品和服务的顾客，还应事先准备好诸如在家护理建议等一些辅助手段。

即便之前做了各种企划案，但有时还是不能让新商品和服务步入销售正轨。这种情况，还可以特意开展"**宣传活动"吸引顾客，因此，应多加注意推出时的宣传口号。

11 年度计划让顾客充满期待

按季节性大肆举办活动，打造"令人期待的美发店"

本店制订年度计划了吗？这是必须在会议上认真深入地探讨的重要话题。之所以这么说，是因为年度计划正是达成年度营业额目标不可或缺的基础。另外，让顾客感受到季节感和刺激性，能提高满意度，会让他们觉得"去这家美发店总能令人期待"。

说到年度计划，或许会让人觉得夸大，不知如何入手，但不要一开始就想要制订出完美的计划，最重要的是先试着做一做计划。

在考虑年度计划时，将"年中大事"等作为参考是最简单的方法。主要的年中大事有毕业、入学、就业以及有居民迁入或迁出等，3～4月这段期间是设定年度计划时的重要时期。

以毕业、入学、就业为契机推荐顾客烫发、染发来改变形象，可以说已经成为业内常识了。在这些人生大事的节点，应向顾客提出改变形象的推荐，包括免费的化妆和可简单打理的发型造型建议等。

迁入的居民很多也是获得新顾客的绝好机会。此时，应探讨派发宣传单和邮寄宣传资料等吸引新顾客的方法。在7月旅

制订年度计划的重点

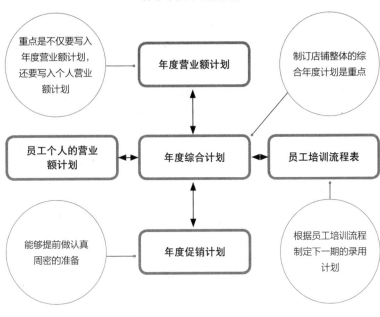

重点是不仅要写入年度营业额计划，还要写入个人营业额计划

年度营业额计划

制订店铺整体的综合年度计划是重点

员工个人的营业额计划

年度综合计划

员工培训流程表

能够提前做认真周密的准备

年度促销计划

根据员工培训流程制定下一期的录用计划

制订年度计划的好处

√对于员工来说，更容易看清自己今后的发展

√对于员工来说，更容易看出店铺今后的发展

√能够根据计划，提前对各种促销活动做准备

√通过提出具体的行动和目标，提高员工的工作积极性

√一旦制作出来，就能够将需要改善和反省的地方活用到来年年度计划中

游季、探亲季以及每年度最繁忙的 12 月，也应探讨派发宣传单和邮寄宣传资料等吸引新顾客的方法。

另外，与儿童节、父亲节、母亲节、圣诞节等各种节日庆典相关的技术商品服务、商品促销等企划也应纳入到年度计划中。

在制订年度计划时最重要的是：将与年中各大节庆相关的技术商品服务、商品售卖等各种企划案以及各自的目标营业额、目标人数用数字具体表示出来。在此基础上，再在会议上探讨为达成这些目标应实行哪些具体的措施。

12 每年进行三次宣传以提高顾客人数

3 月、7 月、12 月推出吸引新顾客的企划

一般来说，一年中的总顾客中大约有 20% 的顾客不再来店。也就是说，如果店铺整体的顾客总数为 500 人，则其中的 20% 也就是 100 位顾客不会再次来店，这是很严重的问题。

因此，在生意红火期的 3 月、7 月、12 月，为弥补固定顾客的自然减少需要探讨吸引新顾客的企划。吸引新顾客的方式有折叠广告宣传单、邮寄宣传资料、地区杂志、免费赠阅报纸、店铺主页、新品介绍等。

吸引新顾客的重点不在"量"而在"质"

在探讨吸引新顾客的企划时容易犯的错误是：由于太想让更多的顾客来店消费，而使企划案的目标顾客群体过于宽泛。

不论哪家美发店都必然有"主力客层"和"非主力客层"之分。即便想要尽可能让更多的顾客来店，但若是自己店铺的非主力客层来店消费，实际上也没有意义。

在吸引新顾客时，一般会伴随着一定程度的降价。其目的是让消费者感到实惠，也是为了让最终来店消费的顾客能够成为固定顾客。

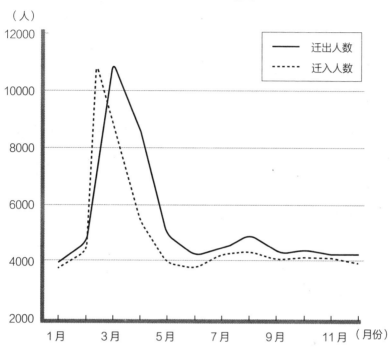

年度居民迁入、迁出变化

如果在该地域迁入者一年中最多的 3 月、4 月时，进行吸引新顾客的企划最有效果。
加上市场需求高时期的 7 月、12 月，一年至少进行三次吸引新顾客的企划活动以获得新顾客。

那么，如果通过降价吸引了本店的非主力客层来店消费，该顾客再次来店的可能性有多大呢？非常少。这一点只要从现有的顾客分析，即可一目了然。

突出本店强项

在激烈的市场竞争中存活，方法之一就是突出本店占优势的领域，使其成为本店的专业领域，以便于跟其他店铺形成差距。

将范围广泛的顾客层作为目标顾客，其结果会导致本店的专业性和特殊性被打消，沦落为随处可见的一般美发店。

13 针对不同顾客的促销券之 365 天大作战

一个季节一个企划太浪费

美发店的宣传活动通常容易演变成"一个季节一个企划"。

这种美发沙龙整体企划宣传活动的盲点，在于会有很多与宣传活动毫无关联的顾客来店消费。对于此类顾客，员工本应该在日常的沙龙工作中为其提出尽可能多的建议。但是很多时候事情不会像预期那样，而是事与愿违。其中一个原因就是平时没有"优惠"。

在"**宣传活动"等沙龙整体实施的企划中一般都有"优惠"，因此员工就比较容易向顾客提出推荐。

而与此相对，在日常的沙龙工作中，员工向顾客提出的建议中并没有纸质"优惠券"。

因此，除了沙龙整体实施的宣传活动之外，为了能够让各个设计师更方便、快捷地根据顾客类型进行促销活动，应该制作一些能让员工根据实际情况自主判断、自由使用的促销券。

根据顾客类型活用促销券

比如：为使顾客来店周期缩短，制作带有有效期的打折券。制作打折券的重点是能让设计师根据顾客类型自由设定有效期，

以往的企划案和今后的企划案

以往的企划案

· 一个季节一个企划

· 降价企划案

· 企划的目标顾客不明

· 难以推出准确恰当的企划案

· 员工难以推销和招揽顾客

今后的企划案

· 根据顾客类型不同，每个季节多种企划

· 20% 的高端顾客不降价，靠品质提升客单价

· 可设定明确的企划案目标顾客

· 易于推出准确恰当的企划案

· 员工易于推销和招揽顾客

各种各样的折扣券

染发券

有效期　　月　日

在此期间来店消费的顾客均可享受 500 日元的优惠。

不可与其他折扣一起使用。

离子烫优惠卡

_____先生 / 女士

有效期　　　年　月　日之前使用　　原价 25000 日元

可享 30% 折扣，折后价 17500 日元

有效期　　　年　月　日之前使用　　原价 25000 日元

可享 20% 折扣，折后价 20000 日元

有效期　　　年　月　日之前使用　　原价 25000 日元

可享 10% 折扣，折后价 225000 日元

另外，此优惠券不可与其他折扣一起使用

高中、大学生 AQUA 离子烫优惠券

年　月　日前	原价 25515 日元，现价 17640 日元
年　月　日前	原价 25515 日元，现价 20265 日元

AQUA 美发店

将有效期的时间区间做成空格，让设计师自己填写。

　　另外，作为"试用券"，我还推荐制作一种可根据顾客类型改变折扣率的商品服务推荐折扣券。有了这种方式，员工每天，甚至随时都可以根据自己的职责和判断进行自主宣传活动。

从新店集客到依靠口碑的开业后的集客

1 获得开业时来店顾客的口碑

美发店铺一开业，就有顾客早早地前去捧场，这类顾客大多反应迅速、信息量丰富、好奇心强，相当于顾客群体中的核心。

这种类型的顾客都会对周围的其他消费者有巨大的影响力，一定要注意这一点。

新店开业时光顾的顾客口碑影响力很强

新店开业后的客流情况是这样的：首先，对新店开业酬宾反应迅速的顾客群体中占领导地位的一名顾客最先来店。然后，这名顾客会向周围的其他消费者转达自己对新店的感受和评价。因此，如果新店能够让他做出"正面评价"，接下来，其他反应迅速的顾客就会接踵而至。之后，店铺的"口碑"就会这样逐渐传播开来。

为了赢得好口碑，必须要有一个"简单易懂、能让顾客产生共鸣和理解的沙龙经营理念"。另外，直接向消费者传递出自家店铺的特征，表明自身跟已经在该区域营业的普通美发店有明显区别的地方，这一点也十分重要。

让顾客写下"表扬的话"

想让新店刚开业就来店消费的领导型顾客成为新店的支持

将顾客感想印在传单上制造口碑

衷心感谢今天

您能光临沙漠绿洲美发店！

请务必告知我们您的感想！

· 沙漠绿洲真诚地渴盼倾听大家的心声。对我们来说，再没有比顾客们高兴的反馈更能让我们受到激励了。但是，对于逆耳忠言我们更加珍惜感恩。我们一定会不断努力，争取早日成为让大家都满意和喜爱的店！

请您多多关照！

能否将您的宝贵意见在广告传单中使用？

（ YES · NO ）

姓名　　　　　　　　　（不愿透露姓名 · 笔名　　　　　　　　　　）

为感谢您的合作，我们想向您邮寄优惠券，小小礼物不成敬意，还请笑纳。请您在下方填写您的住址。

住址

再次感谢您的配合！

者，有一个有效方法：让其写下"表扬的话"。

但若仅仅是"请顾客写下自己的真实感想"，则未必会得到正面评价。因此，最好以"您的肯定是我们的荣幸"这种角度提出，收集顾客的反馈意见。

这样一来，顾客从心理上就难以下笔写出负面评价。

而且，通过下笔写的这一行为，所写信息会被深深印刻在脑海中，更容易使顾客将自己写的正面评价和支持的话语作为口碑传递给其他消费者。

2 灵活运用"表扬的话"进一步吸引客源

因新店开业的效果带来的客流数量通常会在开业三个月之后逐渐减少。与此同时，到了这一时期，新店开业来店的顾客们写下的"表扬的话"应该也已经收集很多了。请把这些表扬的话活用在开业三个月后的集客上。

让"表扬的话"被更多的人知晓

在收集到的顾客反馈意见中，挑选出能够作为店铺广告使用的表扬的话，并编辑整理成草稿。在编辑整理时的重点是深刻认识到这些顾客都是"特意光临本店的"。

另外，对于顾客给予的评价和意见，店方也一定要写上表示感谢的回复。最后将顾客心声总结制作成一本小册子派发出去，最为理想。但若因为开业之初比较繁忙，也可以将编辑好的草稿作为宣传单和店铺主页的文字内容加以利用，争取让更多的消费者看到。

这种灵活运用顾客反馈的促销活动有以下三个目的：第一，"让顾客不会忘记本店"；第二，"可以向顾客传递出店铺努力上进的形象"；第三，"获得顾客的理解和共鸣"。这种方式并不是作秀，而是踏踏实实地将信息传递给了顾客，因此也会得到切实的结果。

开业三个月时的感谢致辞示例

沙漠绿洲美发店

已经成功开业三个月了。

感谢大家的支持与厚爱！

我们得到了很多顾客们"喜悦的心声"！

· **恭喜开业！所有员工都看起来很活泼开朗！** 　　　吉娃娃小姐（30 岁
家庭主妇）

· 谢谢您！我们今后会以更明朗的笑容为大家服务！

· **很治愈！各种细节都体现了店家对"治愈"气氛所花的心思，特别是
"花草茶"，给人一种优雅的感觉。这种美发店我是第一次遇到。非常
喜欢！ 匿名（40 岁家庭主妇）**

· 听了您的话，我们感动得热泪盈眶！十分感谢您！今后我们会继续以
"治愈系"为主题，打造我们的店铺！

· **洗发和按摩都很精心。让我感觉非常舒服！今后也请继续保持和努
力！ 匿名（50 岁家庭主妇）**

· 谢谢您！今后我们也会继续努力，为使顾客们更加满意，我们正准备
学习如何更加令顾客感到"舒适"。敬请期待！

沙漠绿洲美发店希望能与更多的新朋友们相遇相知！并且希望能给更多的人
带来快乐！为了这一目标，我们今后还会继续努力做得更好！

今后也请大家多多关照！

**所有初次来沙漠绿洲美发店消费的顾客
均可享受 10% 的折扣优惠。
我们期待新朋友的光临！**

沙漠绿洲美发店
代表 冈野文
预约电话 0120-000-000

让"表扬的话"成为口碑进一步传播

将编辑整理好的顾客反馈意见做成宣传单，放置在店头让顾客"自由取阅"，与此同时，也应让店内的顾客们浏览过目。另外，还可以拜托店里的常客将宣传单分发给自己的亲友。

这一经营战略的目的是为了给那些相比价格更重视价值的顾客们提供信息，促使他们能够来店消费。因此，不要轻易地落入降价要素的陷阱，因为可能会导致信息的价值和可信赖度大幅降低。

3 一定要找到追求"更满意"服务的顾客

消费者会在我们不知情的情况下不断地迁入或迁出。"搬家最麻烦的就是需要重新选择美发店和医院。"你一定也听过此类顾客心声。

"哪儿还有更好的美发店吗？"像这样不断更换美发店的顾客的数量正以惊人的速度增长着。

担负着开拓此类"潜在顾客"市场的重要职责的是店铺主页（HP）。现在是无论收集什么信息都会利用网络的时代，因此搜索哪里有更好的美发店时也如此。

以宣传单为代表的一般性纸媒体广告是针对不特定的多数消费者大范围地发送信息，并只能对其中表现出兴趣的一部分消费者发挥效果。与之相对，HP 是基于消费者自己的意志进行"检索"，并收集信息，这一点是 HP 和一般广告决定性的差别。

纸媒体广告以在有限的空间中尽可能多地获得顾客为目的，因此是面向广域的顾客目标来制订企划案的架构。因此容易使广告内容缺乏吸引力，无法达到预期效果。

因此，为提高吸引力，有一个苦肉计就是"价格吸引广告"。

HP 传递的是"价值"

与纸媒体广告不同，HP 有无限的空间，因此能够很好地传

检索到本店则来店可能性大

$$满意度 \cdot 诱因级别 = \frac{在 HP 上彻底传达店铺的价值}{价格}$$

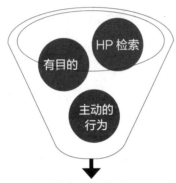

跟一般广告相比，来店可能性远远高出一截的方式

"检索店铺主页"
= 以某种目的、想要自主收集必要的信息的主动行为
↓
来店可能性大

浏览免费赠阅报纸
= 仅被价格便宜所吸引而来店的顾客
↓
如果发现了价格更低廉的店就会马上流失

递出到本店消费可以获得的价值。

因赞同店主的思维方式和理念而来店消费的人，是不会被价格的低廉所左右的顾客。而以价格为优先考量并以此选择美发店的消费者还是应该果断地任其去其他的店铺消费。

"来店消费后，得到了什么样的满足"，像这类信息要在 HP 上大肆宣传，以此来同无意义的价格竞争彻底划清界限。

4 HP（店铺主页）的目的在于吸引新客源

"因为特意制作了店铺主页，所以想把各种各样的内容都放上去。"有很多以这种想法制作的主页，其结果是令"想要向谁传达什么信息"这一焦点问题变得模糊不清。

明确主要目标顾客

目标顾客和吸引力的关系是：目标顾客越宽泛，吸引力越差，目标顾客范围越缩小，吸引力越强。换句话说，问题的关键即在于是选择"宽泛而浅薄"还是"狭窄而深厚"。然而在你制作 HP 之前，网络上已经有很多竞争店铺的 HP 存在了，所以可想而知吸引力薄弱的 HP 是无法吸引消费者来店消费的。

根据目的制作 HP

在考量 HP 的设计图时，还有一个重要的关键点，即时刻把制作 HP 的目的牢记于心。

一般来说，开设店铺 HP 的最主要目的即"吸引新顾客"。尽管如此，如下页图所示的例子还是层出不穷。坚决本着"为吸引新顾客而制作 HP"的目的不动摇，即可做出效果显著的 HP。

是否为吸引新
顾客的内容？

NG 把"剪刀"和"花"等示例照片在首页位置大幅登载，能让浏览网页的人得到什么信息呢？

NG 关于员工日常生活的博客

对于没来过本店的新顾客而言，员工只是陌生人。就算放上陌生人的日常生活，对他们也毫无吸引力可言。如果是介绍新商品服务的博客则OK。

NG 专题和博客长期搁置

长时间不更新，被放任不理的 HP，会让顾客对店铺的经营状态产生怀疑 HP 是店铺的一面镜子，也代表了店铺本身。因此 HP 不能传递出店铺负面的形象。

新顾客想从 HP 中
获得什么信息？

GOOD 去那家店消费有什么好处
GOOD 能否打消初次来店的不安

一定要查看竞争店铺的 HP

靠搜索店铺主页来寻找和选择美发店的顾客会比较和研究多家美发店，从多种角度分析"选择哪家美发店才会得到最满意的服务"。

因此，请查看竞争店铺的 HP，来确认自己的主页能否体现出店铺考虑和注重顾客的体验和感受，顾客满意度水平较高。如果自家店铺在考虑顾客的体验和感受方面比竞争店铺水平要低，那么在制作 HP 前，有必要重新检查一下店铺的待客之道。

5 HP 的内容关系到顾客是否来店

彻底消除顾客初次来店的不安

请活用店铺 HP 彻底地消除顾客对初次来店消费感到困难的事情吧。比如：从店铺入口开始，沿着顾客的行动路线将店内的情况和员工照片、美容美发时的照片等登载到主页上，就可以消除初次来访时心理上的不安因素。

对顾客的关怀和提供的便利信息要实现 "可视化"

每个美发店在日常的沙龙工作中，都会向顾客提供各种的服务以及为顾客的各种考虑和关怀。但是，这些对顾客的关怀和考虑，在日常的沙龙工作中基本没有机会向顾客细致地说明。因此，应利用店铺主页将本店的卖点以及对顾客的关怀和考虑切实地传达给顾客。

例如：有质保和早上也营业等信息对于店铺来说也许是不言自明的事情。但是，对于消费者来说，则不是理所当然就会知晓的事情。不将必要的服务和有利信息传达给消费者的店铺不是好店铺。

沙漠绿洲美发店为顾客提供的服务

▼

头发护理类礼品

对初次来店的顾客，我们将赠送与本人发型最适合的"定型剂"以及最适合本人发质的"护发产品"。

▼

本店提供"免费饮品"

烫发和染发等的等待时间里，我们为您准备了饮品（咖啡、红茶、中国茶、冷/热），免费无限次续杯。对在店时间短的顾客我们也准备了饮品。请不必客气，随时索要。

▼

重视店内卫生环境

洗头时使用的面巾出于卫生方面的考虑本店一律使用一次性的。当然，店内使用的毛巾给顾客用过一次后即全部清洗。因为是直接接触皮肤的，因此本店选用品质上乘的毛巾，注意使用时的松软感。店内各处都配备了空气净化器和加湿器，为尽可能让顾客在店内更加舒适，在沙龙环境上做出了最大的努力。

▼

突然下雨，也不必担心

在您离店时，如果忽然天降大雨，也不必担心。我们为您准备了"客用雨伞"，以备不时之需。

请体验沙漠绿洲最擅长的头部按摩

在洗发时，本店会在顾客脖颈处垫上芳香蒸汽毛巾，进行本店最擅长的头部按摩。脖颈上的蒸汽毛巾、香料的芳香和头部按摩会给您带来极致的"治愈"体验。

▼

利用咨询表把握顾客喜好

顾客的要求，不仅在于发型，还在对洗发和按摩的力道以及负责员工的态度，除非必须，否则不多说话等，虽在心中有各种各样的要求，但肯定有些难以说出口。沙漠绿洲将这类顾客的期望以咨询表的形式重新计入并检查相应项目，具体把握顾客需求，致力于为顾客提供更加满意的服务。

▼

欢迎来店接受发型咨询

肯定有顾客对从未去过的美发店感到些许不安。在沙漠绿洲，我们欢迎您来店接受免费的发型咨询。不仅是发型，您还可以参观店内的氛围和员工的待客及应对，如果您感到满意，欢迎您来店消费。

▼

如有任何不满意的地方，请随时提出

对做好的发型，当时很满意，但到家后就"这里好像不太好看"，这种情况大家都有过。如有这种情况请不要客气，随时联系我们，我们会为您免费修补。

236

不主动传达，就无法传递给消费者

无论哪家美发店，在日常的沙龙工作中都做着各种对消费者的关怀和考虑等理所当然的事情。然而，这种理所当然如果不主动传达给消费者，消费者并不会理解。因此，对消费者追求的理所当然的服务，本店是如何应对以及如何为顾客考虑的，应该在 HP 上一一向顾客详细地传达和说明。

在 HP 上详细登载消费者所需的信息，这种体贴的关怀和考虑可以通过 HP 传递给消费者。

6 利用 HP 吸引顾客的 "两步集客法"

即便制作了 HP，也未必一定会在搜索结果页面显示靠前。另外，宣传单促销由于空间有限，能传递的内容总归有限度。

因此，不要一直等待顾客点击自家 HP，而应试着借助宣传单引导顾客点击店铺主页。活用宣传单以让顾客点击 HP，在 HP 上宣传自家店铺的魅力和卖点，吸引顾客来店——这是让 HP 和宣传单的优缺点互补的一种集客方法。我将这种方法称之为两步集客法。

两步集客宣传单的重点

在两步集客法中，宣传单的作用充其量也就是诱导顾客点击 HP 的契机。

"啊！提到我了！""那个是什么？""要做些什么？""具体是怎么回事？"将这些准确具体的内容以及使顾客目标缩小的内容放入宣传单，令顾客产生强烈的兴趣，这一点很关键。

不一定要用"请一定光临本店""折扣"等一般性集客宣传单一样的揽客短语。完全没有招揽顾客意图的信息反而更让消费者感到新鲜，并容易留下印象。结果就会使顾客好奇"究竟是家什么样的店？去他家 HP 查查看吧"，实现诱导顾客点击店铺 HP 的目的。

利用宣传单使顾客点击 HP 的两步集客法

> # "您对自己的发色满意吗？"
>
> # "总是同一种发型，是否有点厌烦了？"
>
> **"春天"**总让人有种崭新的、有什么即将改变的预感！
>
> 染发能改变心情
> 挑战自我，探寻**"全新的自己"**！
>
> > 沙漠绿洲新式染发
> > 这个春天、改变你自己……
>
> **沙漠绿洲独创的 waving 染发**
> 今春沙漠绿洲建议染发舍弃头发整体一个颜色的一般染发，而选择色彩明亮且有差异的多种染发剂。在以往的造型中加入层次和立体感，"大幅提升女性魅力"。
>
> **"沙漠绿洲 · 独创 · 染发"**
> 附带画面的解说简单易懂，具体请浏览沙漠绿洲美发店主页！
>
> 登载海量信息，让你变得更美丽！
> 详细请检索"品川区沙漠绿洲美发店"
>
> | 检索 | 品川区 | 美发店 | 沙漠绿洲 |
> | --- | --- | --- | --- |

诱导到店铺 HP

两步集客法还有一个目的，两步集客法的宣传单是自己制作的简易宣传单即可，因此不花钱即可发送各种各样的信息。这样就能够将店铺积极的经营态度和店名深深烙印在消费者脑海中。

顾客以"**（地名）美发店"为关键词进行检索，若结果页面中显示出了自己有印象的店名，那么不仅点击这个网址的可能性很高，而且直接以店名检索的消费者也会增加。

CHAPTER

第八章

增强员工咨询服务能力，提升顾客回头率的方法

1 活学活用，提高顾客满意度

营业额，即"顾客满意程度"。因此，如果想要进一步提高营业额，就必须将顾客满意度再提高一个档次。

为提高顾客满意度，店主最先应该做的就是自顾客来店时起直至顾客离店时止这一期间内，再次全面检查顾客对员工提供服务的满意度。

做出评价的是顾客

在检查时，最应该注意的一点是：站在"对提供的服务做出最终评价的是顾客"这一立场来判断和评价顾客满意度。

因此，在各种检查中，不能将"一般满意"这样的标准认定为"合格"，而至少应该达到"相当满意"的这一程度来探讨制定相应的策略，提高员工的服务水平。

顾客满意度的再提高

设计师本来就是每个人都以各自不同的待客风格来进行日常的沙龙工作，只要能够令顾客满意即可。

但是，如果能够代表顾客最终评价的"营业额"未能达到预期，则应该及早开始着手进行"员工技能提高培训"。

大多数设计师都不认为顾客对自己提供的服务满意度低。

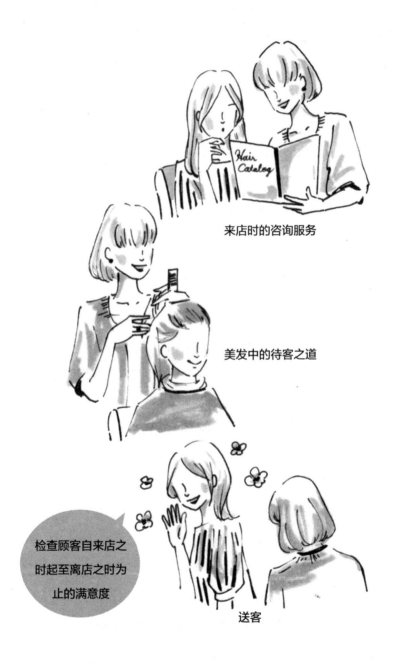

来店时的咨询服务

美发中的待客之道

检查顾客自来店之时起至离店之时为止的满意度

送客

因此,如果任其按自己的意志自由发展而不采取任何措施的话,今后一定还会维持同样的待客方式。

能够对这些员工施以援手的非店主莫属。

2 活学活用，倾听顾客不满

新顾客即"其他店铺的流失顾客"

新顾客中的大多数都去过各种各样的美发店，但"至今仍没有遇到能令自己感到满意的美发店（发型师）"。也就是说，是其他店铺"流失的顾客"。为使这类顾客成为店铺的常客，首先第一件事就是知晓其对过去的美发店和发型师"有哪些不满意的地方""怎样才能令其满意"。而且，为此，有必要倾听顾客内心真实的想法。

只有在这个前提下，才能够提高顾客的满意度。

问出顾客难以启齿的困扰

要想倾听新顾客内心真实的想法，其方法是活用调查表。顾客内心深处肯定有"如果可能的话，希望这样"之类的期望和要求。

但是，几乎没有哪位顾客会细致入微地传递出"希望能这样""希望能那样"等要求。于是，就在内心深处的要求和期望无法传达的情况下，就接受了初次见面的员工的服务。

因此，为了能够深层次地倾听和挖掘出顾客"其实是想要这样"的想法，可制作新顾客专用的咨询表，让初次来店消费

请配合我们填写以下问卷调查

> 本店旨在谦虚倾听顾客心声，
> 打造更令顾客满意的美发店。
>
> 如果您对过去的美发店和发型师有不满意和不愉快的地方
> 就请您写下来。

技术方面

☐ 洗头（敷衍了事 · 不舒服）
☐ 按摩（敷衍了事 · 不舒服）
☐ 吹干时风太热
☐ 用梳子梳头时太粗鲁
☐ 没做出预期效果
其他（　　　　　　　　　　　　　）
其他（　　　　　　　　　　　　　）

待客、服务方面

☐ 遣词用语过于自来熟　　　　　　　☐ 问到个人隐私问题
☐ 傲慢无礼的态度和语气　　　　　　☐ 无法很好地传达自己的期望
☐ 总将问题归结到发质和头发本身特点上　☐ 不按期望的去做
☐ 没有教授在家如何造型
☐ 没有教授如何打理　　　　　　　　☐ 匆匆忙忙打发顾客
☐ 等待时间太长　　　　　　　　　　☐ 没有新建议，总是一个套路
☐ 说明不够充分　　　　　　　　　　☐ 花费太长时间
☐ 收费不清楚　　　　　　　　　　　☐ 推销产品
其他（　　　　　　　　　　　　　）
其他（　　　　　　　　　　　　　）

店内环境方面

☐ 店内脏　　　　　　☐ 背景音乐太嘈杂　　　　　☐ 背景音乐不好听
☐ 店内太冷、太热　　☐ 店内光线昏暗
☐ 店内让人无法放松　☐ 没有爱看的杂志
如有希望美发店提供的杂志以及希望播放的背景音乐，请在下方填写。
（　　　　　　　　　　　　　）
其他（　　　　　　　　）

其他意见与感想

　　　　　　　　　　　　　　　　　　　　　　　　　　

　　　　　　　　　　　　　　　　　　　　　　　　　　

多谢您的配合。
我们一定会将其作为今后让顾客更加满意的参考。

的顾客填写。

　　这样，事先把握好顾客以往对美发店和发型师不满意的地方以及"如果可能希望能这样"等难以启齿的期望和要求，在此基础上再进行处理，尽可能努力使员工能够让新顾客对其服务的满意度提高，同时再次认识到每位顾客的重要性，并负责顾客的接待工作。

3 新顾客专用咨询表

新顾客专用咨询表除了能应用于提高顾客满意度之外，还可以在很多方面活学活用，效果非常显著。

利用咨询表提高顾客满意度

可通过调查新顾客的来店动机，分析集客促销的成本绩效，以探讨如何取得更好的成本绩效。

可在进行口头咨询之前，事先掌握顾客对自己头发感到困扰的地方，这样便能提出更令顾客满意的建议和方案。

能了解和把握顾客对自己头发的关注程度。选择了"有兴趣听一听详细解说"这一选项的顾客，可以判断其对头发的关注程度较高。另外，选择了"不需要建议"的顾客则可以判断其对头发的关注程度不高，或是不喜欢接受不必要的推销。事先掌握了这类信息，就可以结合顾客类型灵活改变提高顾客满意度的方式方法。

通过了解顾客做头发的平均周期，就能够基本把握"这名顾客每年在美发上的花费金额大约为多少"。如果判断其每年花费 10 万日元以上的顾客，可以说是潜在的 VIP 顾客。因此，如果让与其合得来的设计师负责这类顾客，就能够提高顾客回头率。另外，把握顾客基本的做头周期，还能实施更有效的吸引

新顾客专用咨询表

姓名_____

▲①请问您是通过什么途径知道本店并来店消费的？
☐ 宣传单 ☐ DM ☐ 招牌 ☐ 路过　　☐ 看到店铺主页
☐ 经由 _____ 的介绍　　☐ 其他

▲②您有哪些头发方面的困扰？
☐ 发质受损、毛糙　　　　☐ 白发较多
☐ 头顶头发不够蓬松　　　☐ 发量过多、蓬乱
☐ 发质没有弹性、易断　　☐ 希望改善发质特点
☐ 头发没有自然光泽　　　☐ 头发颜色太暗（太艳）

▲③您希望接受设计师对"您头发方面的困扰提出解决办法和建议"吗？
☐ 有兴趣听一听详细解说　☐ 看下商品服务单即可　☐ 不需要建议

▲④您大概多长时间做一次头发？
☐ 剪发（大约　个月一次）　☐ 染发（大约　个月一次）
☐ 烫发（大约　个月一次）　☐ 拉直（大约　个月一次）
☐ 离子烫（大约　个月一次）☐ 其他（大约　个月一次）

▲⑤您还有哪些别的期望和要求？
☐ 希望接受详细的咨询服务　　　　　☐ 洗头（力道重点，力道轻点）
☐ 想放松一下希望店员不说多余的话　☐ 按摩（力道重点，力道轻点）
☐ 希望接受造型建议　　　　　　　　☐ 希望收费清晰明确
☐ 很忙所以希望尽快结束　　　　　　☐ 希望获得打理头发的建议
☐ 希望由男店员负责　　　　　　　　☐ 希望由女店员负责　☐ 男女皆可

▲本店还准备了很受欢迎的商品服务附录供您选择
☐ 头部spa（10分钟3000日元）　☐ 肩部按摩（10分钟1000日元）
☐ 修眉（700日元）　　　　　　☐ 眉毛染色（700日元）☐ 卷睫毛（3000日元）
☐ 盖白发（3000日元）　　　　　☐ 挑染（3000日元）
☐ 头发护理（4000日元起）　　　☐ 部分烫·部分拉直（3000日元起）

顾客来店的措施。

将能想到的所有顾客难以启齿的项目都事先写进咨询表中,旨在为顾客提供更好、更令其满意的服务。

另外,在咨询表下部写上商品服务附录,可以为员工向顾客推荐方案时提供帮助。

4 利用《提高回头率的记录表》提高顾客满意度

美发店使用的记录表一般主要记载着顾客来店日期、消费金额、美容美发相关的基本信息。但如果能通过记录表实现"提高顾客回头率"和"防止顾客流失"的目的，就能够提高员工提供的服务水平。

活用记录表提高顾客回头率

下文就针对能够提高顾客回头率的记录表进行说明。

《提高回头率的记录表》是以"如果新顾客能够来店三次，就有大约 80% 的概率成为固定顾客"这一思考方式为基础制作的，该思考方式称为"三次固定化法则"。

第一个要点是，通过记入顾客"预计下次来店日期"，让员工强烈意识到"必须为顾客提供更满意的服务，一定让顾客再次来店"，并针对结果进行自我评价，来实现为自己工作负责的目的。

第二个要点是，将感谢信和促进来店的 DM 的发送情况记入记录表，其目的是让员工时刻意识到负责新顾客时，肩负着重大的责任。

认识到每名新顾客的重要性

第三个要点是，让员工能够将自己服务起来得心应手类型的顾客和感到棘手类型的顾客分别具体化，作为商讨对策的资料，活学活用。

第四个要点是，让员工评价自身的工作和行为，令其提供更高水平的服务。

获得一位新顾客的促销费用一般在 5000 日元到 6000 日元左右。通过应用《提高回头率的记录表》，再次让全体员工认识到"负责新顾客员工的任务和职责"。

提高回头率的记录表（正面）

顾客编号		顾客姓名			生日	月 日	年龄	（男·女）
住址			负责人		Mail		TEL	
初次来店日期	年 月 日				内容		金额	
平均来店周期	剪发 个月	染发 个月	烫发 个月		其他		个月	

要点1

第二次来店预计	年 月 日前后	预计需求内容			来店结果	来店日 月 日	□未来店	
第三次来店预计	年 月 日前后	预计需求内容			来店结果	来店日 月 日	□未来店	
第四次来店预计	年 月 日前后	预计需求内容			来店结果	来店日 月 日	□未来店	

DM 发送情况

要点2

感谢DM	发送日期	月 日	（□来店 月 日）	□未来店	
促进来店DM	第一次 发送日期	月 日	（□来店 月 日）	□未来店	
促进来店DM	第二次 发送日期	月 日	（□来店 月 日）	□未来店	
促进来店DM	第三次 发送日期	月 日	（□来店 月 日）	□未来店	
促进来店DM	第四次 发送日期	月 日	（□来店 月 日）	□未来店	
促进来店DM	第五次 发送日期	月 日	（□来店 月 日）	□未来店	

要点3

对头发的关注程度

5

性格 5 ————————— 5 家庭
0

5
仪表

顾客类型
□单身 □已婚
□学生 □自由职业者
□OL(公司职员) □派遣
□兼职主妇
□有工作的主妇
□个体经营者 □公司董事

顾客总体类型

□保守型（　）
□优雅型（　）
□时尚型（　）
□有女人味类型（　）
□男性化类型（　）

	其他·备注				
第二次来店自我预测	□5(90%) □4(80%) □3(70%) □2(60%) □1(50%以下)				
第三次来店自我预测	□5(90%) □4(80%) □3(70%) □2(60%) □1(50%以下)				
第四次来店自我预测	□5(90%) □4(80%) □3(70%) □2(60%) □1(50%以下)				
仪表	□5 时尚型	□4 优雅型	□3 舒适型	□2 普通型	□1 朴素型
性格	□5 活泼	□4 稍活泼	□3 普通	□2 稍内敛	□1 内敛
对头发的关注程度	□5 非常高	□4 高	□3 有点高	□2 一般	□1 低
年龄	□5 50岁以上	□4 40多岁	□3 30多岁	□2 20多岁	□1 十几岁

提高回头率的记录表（背面）

<提高顾客回头率的自我评价>

要点 4

对头发的关注程度

性格

家庭

仪表

<咨询表>
- □1 充分倾听了顾客的困扰和期望
- □2 根据顾客的困扰和期望提供建议
- □3 对发型、发色等进行了具体说明
- □4 对费用和操作内容做了充分说明
- □5 介绍了在家护理方法及造型建议

<待客·服务>
- □1 每进行一项都跟顾客打招呼
- □2 有礼有节、注意遣词用语
- □3 怀着感恩的心服务
- □4 确认顾客脸上是否有碎发
- □5 面带微笑送客并恳请顾客再次光临

<技术>
- □1 能够与顾客就造型达成共识
- □2 注意不要弄痛或烫到顾客
- □3 操作时进行相应解说
- □4 对下次来店施术方案、下次来店时间提供建议
- □5 能将顾客期望的造型做出来

*综合自我评价 □5(90%OK) □4(80%OK) □3(70%OK) □2(60%OK) □1(50% 以下)

*对技术、待客、服务、咨询的自我评价，要将五个项目中采取措施的项目数合计后记入一览表。

*一览表以及选项(□)，按第一次(红色)，第二次(蓝色)，第三次(黑色)进行填写

<操作时特别注意过的要点>

<第一次>	<第二次>	<第三次>

<待客、服务时特别注意过的要点>

<第一次>	<第二次>	<第三次>

<其他 备注栏>

255

5 利用《降低失客率记录表》防止员工轻慢老顾客

常客流失了，这意味着顾客认为"再继续去光顾也无济于事"，对店铺已失望。

"还按老规矩来是吗""减掉长长的部分就行吧"等走过场式的咨询，以及"剪发之外的操作就全权交给设计师定夺"之类的工作状态，员工这样对常客的敷衍，正是问题的根源。

防止员工对常客敷衍了事

防止员工对常客敷衍了事，时刻带着紧张感进行服务，有一个办法能达到这个目的，那就是利用《降低失客率记录表》。在该表中记录了顾客的个人信息。

一般来说，为提高劳动生产率，大多数情况下主要的操作由主要负责员工来做，其他的操作则交由助手处理。因此，必须要考虑如何不让负责帮忙的助手降低顾客满意度。

共享顾客信息，提高满意度

在将顾客交给助手员工时，应事先将技术要点、待客注意事项、杂志、饮品、谈话喜好等顾客信息记入记录表中。并且将"助手在接手后续工作前必须浏览记录表信息"这一点制度化。这样一来，即便是对首次帮忙接手的顾客，也能够询问"饮品给您上您常喝的可以吗"、为其取来喜欢看的杂志等，为顾客提供更高级别的服务。

降低失客率记录表（背面）要点1虽然与顾客流失无关，但却是很重要的栏目。在指导员工药水使用量应尽量减少到最低量的同时，还应将每次实际使用量记录下来，并将之作为一项规定和制度。如此，一年下来能够节省不少费用。

要点2是，要提醒员工注意，对常客的接待工作不能因循守旧，预防"顾客流失"。

降低失客率记录表（正面）

□希望女性负责	□希望男性负责	□男女均可	指定负责人		□均可	
顾客编号	顾客姓名		生日	月 日	年龄	（男·女）
住址				Mail		TEL
初次来店	年 月	平均来店周期	剪发（ ）个月	烫发 个月	其他（ ）个月	
顾客信息	兴趣	职业	籍贯	血型 型	□未婚 □已婚	
头发方面的困扰	□发质受损 □无弹性、易断 □发量少 □白头发多 □发质等问题 □其他					
洗头	力道□强 □正常 □弱 水温□热 □正常 □温		按摩力度	□强 □正常 □弱		
体质	□易过敏 □易起疹子 □没问题		空调、加湿器	□稍热点 □正常 □稍凉点		
喜欢看的杂志		喜欢的饮品	（春）	（夏）	（秋）	（冬）

家庭信息	母	父	配偶	兄弟姐妹	兄弟姐妹	子女	子女	孙	孙	宠物
姓名										
年龄										
职业										
生日										

<药水使用量> *必须记录(药水剩余时一定要在下次记入合适的量, 直到降到最低使用量)

润滑	g	g	g	g	g	g
全头	g	g	g	g	g	g
烫发药水	ml	ml	ml	ml	ml	ml
其他						

<感兴趣的话题和谈资>

<技术方面的注意点>

<待客与服务方面的注意点>

<助手辅助工作内容>
□可洗头 □可按摩(□染发(□可全权负责 □可负责部分工作)
□烫发(□可全权负责 □可负责部分工作)
□拉直(□可全权负责 □可负责部分工作) □造型(□可全权负责 □可负责部分工作)
□尽可能都自己负责 □上述所选工作内容可交由助手负责 □全部可交由助手负责

<助手辅助工作时的注意点>

<其他·备注>

258

降低失客率记录表（背面）

顾客编号		顾客姓名	**要点二**
年　月　日　负责人 操作内容　　操作费用			**<顾客满意度与综合自我评价>**
			技术是否还是老一套？　　　　　　　□ 是 □ 否
			待客是否因循守旧？　　　　　　　　□ 是 □ 否
			是否确认过顾客对上次发型有无不满？□ 是 □ 否
			是否对顾客说明了本次操作的重点？　□ 是 □ 否
			是否向顾客提出了在家的造型建议？　□ 是 □ 否
要点一			顾客是否愉快？　　　　　　　　　　□ 是 □ 否
			下次是否还会来店？　　　　　　　　□ 是 □ 否
			备注
染发剂使用量　g　适量·多(　　g)			
烫发药水使用量 ml 适量·多(　ml)			
年　月　日　负责人 操作内容　　操作费用			**<顾客满意度与综合自我评价>**
			技术是否还是老一套？　　　　　　　□ 是 □ 否
			待客是否因循守旧？　　　　　　　　□ 是 □ 否
			是否确认过顾客对上次发型有无不满？□ 是 □ 否
			是否对顾客说明了本次操作的重点？　□ 是 □ 否
			是否向顾客提出了在家的造型建议？　□ 是 □ 否
			顾客是否愉快？　　　　　　　　　　□ 是 □ 否
			下次是否还会来店？　　　　　　　　□ 是 □ 否
			备注
染发剂使用量　g　适量·多(　　g)			
烫发药水使用量 ml 适量·多(　ml)			
年　月　日　负责人 操作内容　　操作费用			**<顾客满意度与综合自我评价>**
			技术是否还是老一套？　　　　　　　□ 是 □ 否
			待客是否因循守旧？　　　　　　　　□ 是 □ 否
			是否确认过顾客对上次发型有无不满？□ 是 □ 否
			是否对顾客说明了本次操作的重点？　□ 是 □ 否
			是否向顾客提出了在家的造型建议？　□ 是 □ 否
			顾客是否愉快？　　　　　　　　　　□ 是 □ 否
			下次是否还会来店？　　　　　　　　□ 是 □ 否
			备注
染发剂使用量　g　适量·多(　　g)			
烫发药水使用量 ml 适量·多(　ml)			

6 利用《年度造型提案记录表》加强信赖关系

从每年的月度数据看即可一目了然：节庆和大事较多的月份顾客人数和营业额也多，节庆和大事较少的月份顾客人数和营业额也会减少。也就是说，"消费者有迎合节庆或大事去美发店消费"的倾向。因此，在和顾客交谈的过程中，应询问顾客后期有无重大事件或庆祝活动，以长远眼光考虑，跟顾客一起计划并商定好能迎合每一特定时期的最适合的发型。这样做有以下几点好处。

与顾客的信赖关系会比以往更强

年度造型设计提案是配合顾客的节庆、重要事件以及季节，和顾客一起考虑今后造型的"以顾客为主"的推荐。这样做的结果就是设计师与顾客之间的信赖关系会比以往更加紧密。

另外，以长期规划为基础，与顾客一起考虑今后的造型设计，同时也是在无形中与顾客做了长期来店的约定。其好处是能够减少顾客流失。

顾客更容易接受提议

即便在顾客来店当日急于给出操作的提案和建议，但由于顾客有自身情况的考虑，因此不接受建议的情况也很普遍。相反，若提前数月就根据顾客的重大节日或庆祝活动等为其推荐合适的造型设计，由于顾客在时间上比较充裕，因此心理上比较容易接受建议。另外，与顾客到店后再开始考虑如何为顾客提出造型建议不同，同顾客提前商定造型设计，就可以大幅缩短到店后决定造型的时间。

最重要的是，在数月前就同顾客商量造型设计，能让顾客对这个造型设计充分理解并认可。

年度造型提案记录表（正面）

□希望女性负责		□希望男性负责	□男女均可		指定负责人			□均可

顾客编号	顾客姓名		生日	月 日		年龄	（男·女）

住址				Mail	TEL

初次来店	年 月	平均来店周期	剪发( )个月	染发( )个月	烫发( )个月	其他( )个月

顾客信息	兴趣		职业		籍贯		血型	型	□未婚 □已婚

头发方面的困扰	□发质受损 □无弹性、易断 □发量少 □白头发多 □发质等问题 □其他

洗头	力道 □强 □正常 □弱 水温 □热 □正常 □温	按摩力度	□强 □正常 □弱

体质	□易过敏 □易起疹子 □没问题	空调、加湿器	□稍热点 □正常 □稍凉点

喜欢看的杂志		喜欢的饮品	（春）	（夏）	（秋）	（冬）

家庭信息	
其他信息	

必须找出顾客不满意的主因

<助手全部工作各项注意事项>

（ ）年度 顾客大事记	烫发、染发等造型建议内容	操作	费用	来店周期
1月 日	□提案			
2月 日	□提案			
3月 日	□提案			
4月1日 生日	□提案			
5月 日	□提案			
6月 日	□提案			
7月 日	□提案			
8月 日	□提案			
9月 日	□提案			
10月 日	□提案			
11月 日	□提案			
12月 日	□提案			

操作内容是否一成不变？是否给顾客提出了建议？

（ ）年度 顾客大事记	烫发、染发等造型建议内容	操作	费用	来店周期
1月 日	□提案			
2月 日	□提案			
3月 日	□提案			
4月1日 生日	□提案			
5月 日	□提案			
6月 日	□提案			
7月 日	□提案			
8月 日	□提案			
9月 日	□提案			
10月 日	□提案			
11月 日	□提案			
12月 日	□提案			

生日（各种大事）都会成为改变发型的契机。寄生日贺卡等的惊喜能给顾客带来感动。

年度造型提案记录表（背面）

（　）年度 顾客大事记	烫发、染发等造型建议内容	操作	费用	来店周期
1月　日	□提案			
2月　日	□提案			
3月　日	□提案			
4月1日 生日	□提案			
5月　日	□提案			
6月　日	□提案			
7月　日	□提案			
8月　日	□提案			
9月　日	□提案			
10月　日	□提案			
11月　日	□提案			
12月　日	□提案			
（　）年度 顾客大事记	烫发、染发等造型建议内容	操作	费用	来店周期
1月　日	□提案			
2月　日	□提案			
3月　日	□提案			
4月1日 生日	□提案			
5月　日	□提案			
6月　日	□提案			
7月　日	□提案			
8月　日	□提案			
9月　日	□提案			
10月　日	□提案			
11月　日	□提案			
12月　日	□提案			
（　）年度 顾客大事记	烫发、染发等造型建议内容	操作	费用	来店周期
1月　日	□提案			
2月　日	□提案			
3月　日	□提案			
4月1日 生日	□提案			
5月　日	□提案			
6月　日	□提案			
7月　日	□提案			
8月　日	□提案			
9月　日	□提案			
10月　日	□提案			
11月　日	□提案			
12月　日	□提案			

根据季节，向顾客提出改变发色的天气，让顾客对"美"的关注保持在较高水平。

依据各种大事，跟顾客一起探讨年度发型设计计划，在加强信赖关系的同时大幅减少顾客流失。

7 利用"技术信"切实提高顾客回头率

对初次来店的顾客，有很多美发店会邮寄"感谢信"。感谢信是以打动顾客并取得与顾客的情感共鸣，使之成为忠诚顾客为目的的一种"情感营销"手法，不仅在美发业界，在所有业界都是热门话题。

仅凭感谢信，无法打动顾客

结果，大量感谢信像雪片一样被寄到了消费者手中，反而更难打动顾客的心了。

无论多么高明的营销手段，消费者对发型师的终极要求还是"把我变得更漂亮吧""让我更亮眼吧"。

也就是说，发型师只要向顾客传达出真心——"能让您更漂亮就是我最大的喜悦"，相信顾客回头率也一定会切实提高。

只有"真心想让您变漂亮"才能打动顾客

初次光临一家美发店之后收到对方的感谢信，这都在消费者的意料之中。对此人们不会轻易被感动。

那么，假如初次光临那家美发店时负责为自己服务的员工，不仅送来了感谢光临的礼物，还送来了一份写有本次操作的解说、造型建议、年度造型商议表等内容的资料，顾客会感觉如何？

　　顾客一定会觉得"从没见过这样做的发型师""这位发型师是真心想要帮我变得更漂亮"。而且出乎意料地平生第一次收到技术信，在顾客心目中，对这位发型师一定印象深刻，牢牢记在心中。请大家也试试这样做，实际检验顾客的反响吧。

技术信（正面）

今天您能光临本店，我们对此深表谢意。为能在今后继续提供更让您满意的造型设计，我们将这次操作的记录表一同寄送给您。

请您在下方填写对这次服务的感受和建议，可以作为我们今后发型设计的参考，下次来店时请您带回即可。

操作日期　年　月　日　　负责人

**先生/女士 <hair-data>

<发量>	多	较多	正常	较少	少
<发质>	粗	较粗	正常	较细	细
<特点>	硬	较硬	软	无	
<损伤>	重	较重	轻	无	

【本次操作说明】

【今后的建议】

【保养指导】

如果您在操作时没有注意到，但回去后感觉刘海似乎再短些会更好等，剪发或操作时有任何感到不满意的地方，都请您随时联系我们。

我们会负责认真处理修补，同时作为今后发型设计中的参考。

技术信(背面)

在考虑到季节、大事的基础上,我们为您提出了您专属的年度综合发型设计提案。
愿我们能用发型设计令耀眼的您焕发更强烈的光彩。

重要事件预约	重要事件内容	希望、要求	发型的类型、摘要
1月(上·中·下)旬			
2月(上·中·下)旬			
3月(上·中·下)旬			
4月(上·中·下)旬			
5月(上·中·下)旬			
6月(上·中·下)旬			
7月(上·中·下)旬			
8月(上·中·下)旬			
9月(上·中·下)旬			
10月(上·中·下)旬			
11月(上·中·下)旬			
12月(上·中·下)旬			

配合生日及各种纪念日、重要事项等帮你打造MORE HAPPY的自己。

此表将作为年度综合发型设计提案的参考。如果方便请填写后在下次来店时交给
我们。

别培养出进步迟缓的员工！进行技能教育前的须知

1 最终胜出的关键词是"顾客满意至上主义"

我想问摸索提高营业额方法的店主们一个问题："提高营业额的目的是为了什么？为了谁？"

难道仅仅是为了追求自身利益吗？

如果店主们能站在顾客们的立场上考虑，那么他们对自己成为提高营业额的牺牲品这件事肯定不会感到高兴。即便员工们提出了建议和推荐，顾客们也不容易接受。这是因为顾客们感觉到该提议不是基于"让顾客感到高兴"这一单纯的想法，而只是"想要提高营业额"这一真实目的。

消费者不会认同"营业额至上主义"

"追求数字，一心为达成营业额目标而提出的建议"和"基于发型师想让顾客更加满意而真心实意提出的建议"，顾客会更倾向于哪个建议和方案，不言自明。

而且，大部分员工们开始也是单纯地本着"想让顾客们变漂亮并感到喜悦"这一初衷投身于美发业界的。那么，这种基于营业额至上主义的美发沙龙工作，能让员工们感到幸福、充满干劲吗？

顾客们想要的是"顾客满意至上主义"。而且员工真正想要提供给顾客的也是"顾客满意"。双方的愿景同为"顾客满意"

"顾客满意至上主义"能搞定一切

"营业额"="顾客人数 × 客单价 × 来店频率"

为提高顾客人数 ➡️ 致力于吸引新顾客并提高回头率
为提高客单价 ➡️ 推出高端商品服务提案、推荐新产品与新服务
为提高来店频率 ➡️ 利用提前预约制度等提高顾客来店频率

"营业额"="顾客满意度的结果"

为提高顾客人数 ➡️ 提高顾客满意度水平、扩大口碑效应、减少顾客流失
为提高客单价 ➡️ 为顾客提供能变"更漂亮""更帅"的建议和设计方案
为提高来店频率 ➡️ 让去美发店消费比以往更令人期待

	顾客的感受如何?	员工感受如何?	店主感受如何?
营业额至上主义	·不想成为提高营业额的牺牲品	·被营业额数字所迫,工作无乐趣 ·难以实施期望的沙龙工作	·容易仅凭营业额数字评价员工,使人际关系变得紧张
顾客满意至上主义	·很高兴(没有不舒服的感觉)、想多支持店方(口碑传播)	·很快乐、工作有劲头 ·能再次认识到作为一名发型师的职责所在	·顾客和员工的笑脸增多了,店内氛围平和

这一关键词，目标本应是完全一致的。因此，应该站在"营业额至上主义"和"顾客满意至上主义"这两个立场中的哪一个才能得到更好的结果，就很明显了。

"营业额"是"顾客满意的结果"

正如前文已经提到，营业额其实就是"顾客满意的结果"。令美发店生意红火的决定性要素即"培养能够提供高水准服务，令顾客满意的员工"。只要店主掌握了这一方法，店铺生意兴隆指日可待。

2 员工进步迟缓的原因

众所周知，利润较高的沙龙，总体员工水平也较高。那么，为什么员工水平会如此高，这是因为这些高利润的沙龙在员工培训和教育上下了很大功夫。

生意好的沙龙下大力度进行员工培训的理由

消费者最想向美发店谋求的是"更高层次的满意服务"，利润高的沙龙对这一点理解得非常到位。

也许有店主会反驳说"没预算""没时间"。或许事实确实如此。但是，在员工培训上下功夫的美发店，也并不一定是在预算充足、时间充裕的情况下着力进行员工培训的。这些沙龙正是意识到了只有提高员工各方面的技术水平，才能向顾客提供更高层次的服务，而其成果最终还会体现在"营业额"上，因此才会认真地进行提高员工水平的培训。

利用"软实力培训"提高顾客满意度

一般的美发店都是按照教学计划对员工进行培训，直到其作为设计师正式出道。培训存在的问题是教学计划大多数是以"技术水平的提高"为目的，因此，没有扩展到诸如"咨询能力""提案能力"等技术之外的"软实力"培训。结果导致员工

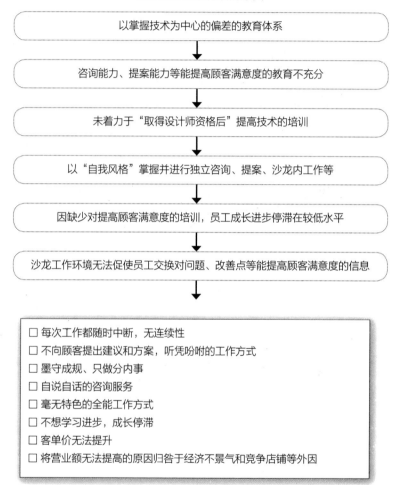

员工进步缓慢背后的原因

以掌握技术为中心的偏差的教育体系

↓

咨询能力、提案能力等能提高顾客满意度的教育不充分

↓

未着力于"取得设计师资格后"提高技术的培训

↓

以"自我风格"掌握并进行独立咨询、提案、沙龙内工作等

↓

因缺少对提高顾客满意度的培训，员工成长进步停滞在较低水平

↓

沙龙工作环境无法促使员工交换对问题、改善点等能提高顾客满意度的信息

↓

☐ 每次工作都随时中断，无连续性
☐ 不向顾客提出建议和方案，听凭吩咐的工作方式
☐ 墨守成规、只做分内事
☐ 自说自话的咨询服务
☐ 毫无特色的全能工作方式
☐ 不想学习进步，成长停滞
☐ 客单价无法提升
☐ 将营业额无法提高的原因归咎于经济不景气和竞争店铺等外因

的咨询能力、提案能力始终很低下——这正是员工进步迟缓的最主要原因。

所谓咨询能力低，就是理解和体会出顾客所想、所描述的造型的能力，并跟顾客想法取得一致的能力较低。提案能力低，是指无法对顾客"想要变得更漂亮"的需求提出令顾客满意的建议和方案。无论哪一种能力低下都将导致无法令顾客满意。

3 一旦老员工停止进步，店铺将进入衰退期

认为一旦升级为设计师以后就再也不需要培训了，于是店铺不再为已经升级为设计师的员工准备更高级别的技能提高培训项目，这也是员工进步缓慢的原因。

咨询能力跟资历不成正比

一般来说，随着设计师经验的增长，被顾客指定为负责人的概率就会升高，而负责新顾客的机会就会减少。其结果就是容易对新顾客做出以下方式的咨询服务。

不给顾客看发型目录和染发色板就直接问"您想剪短多少厘米""烫发的卷想要大一些还是小一些""染发您选哪种颜色"，不向顾客说明收费明细。在操作过程中，不向顾客提出能令其更完美、更亮眼的信息和建议，而只是闲话家常。

像这样，容易把初次负责的新顾客，当成有指定设计师的老顾客、常客对待。

针对新顾客的"咨询能力、提案能力"和针对有指定设计师的常客的"咨询能力、提案能力"，其本质截然不同。而由于经验丰富的设计师负责新顾客的机会减少，因此反而会造成"咨询能力、提案能力"的下降。

设计师成长停滞，店铺就将面临衰败

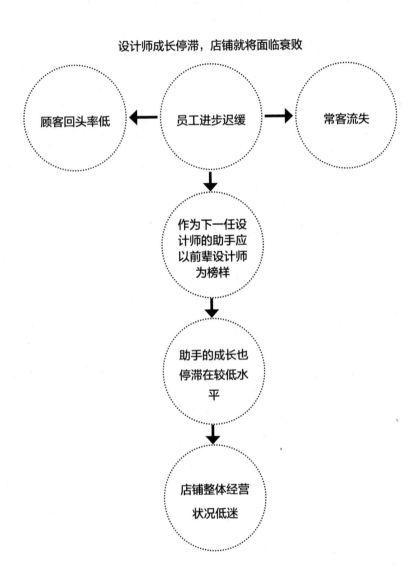

顾客回头率低 ← 员工进步迟缓 → 常客流失

作为下一任设计师的助手应以前辈设计师为榜样

助手的成长也停滞在较低水平

店铺整体经营状况低迷

店铺生意兴隆同员工水平成正比

设计师决定了沙龙生意是否兴隆，而下一代设计师都是以上一代前辈为榜样，逐渐成长起来的。那么前辈设计师的水平越高，助手的水平必然也越高。相反，设计师的水平越低，助手的水平也就只能停滞在较低水平。这就是沙龙生意的兴隆跟员工水平成正比的原因所在。因此，只有进一步提高前辈设计师的水平，才能够令全体员工的水平得到提升。

4 在市场竞争激烈的时代中胜出的最强战略

请看下文问卷调查表的结果，这是一项针对消费者常去的美发店进行的顾客满意度调查。

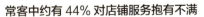
常客中约有 44% 对店铺服务抱有不满

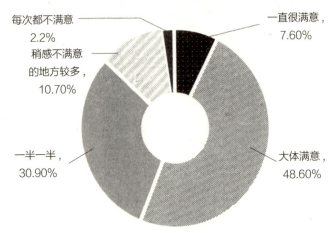

每次都不满意
2.2%
稍感不满意
的地方较多，
10.70%
一半一半，
30.90%
一直很满意，
7.60%
大体满意，
48.60%

常客中约有 44% 对店铺服务感到不满意

应注意的一点是"虽然是常去的美发店，但还是有大约 44% 的顾客对店铺服务不满意"。也就是说，"定期来店消费的常客中，约有 44% 对店铺持有一定程度的不满"，这一结果令人震惊。这就意味着即使是常客，但如果发现了能够消除这种不满意的其他店铺，这些顾客也会转而去他店消费，可以说是"潜在的流失顾客预备军"。

如果花费的金额相同，"想去服务更令人满意的店试试"，这对于消费者来说是理所当然的行为。因为没理由一直抱着不满，还一直去同一家美发店。

以常去某家美发店的消费者为对象，就其去这家店的契机进行的一项调查。

值得注意的一点是，对于"您去这家店的契机是什么"这一问题，竟然有 45% 的答案是"口碑和经人介绍"。

"您去这家店的契机"是什么？有45% 是因为口碑、亲友介绍

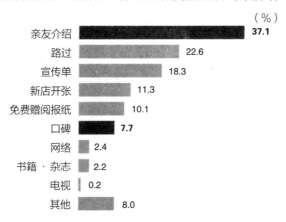

	（%）
亲友介绍	37.1
路过	22.6
宣传单	18.3
新店开张	11.3
免费赠阅报纸	10.1
口碑	7.7
网络	2.4
书籍·杂志	2.2
电视	0.2
其他	8.0

拉拢对其他店铺感到不满意的 "流失顾客预备军"

从这两项调查的结果可以得出什么结论呢？那就是靠"口

碑和亲友介绍"把在常去的美发店得不到满意服务的"流失顾客预备军"吸引到自己的店，这对于竞争店铺来说是极具威胁的、能取得压倒性胜利的战略。

"口碑的可信赖度非常高"这句话的正确性再次得到了印证。"你知道哪儿有好美发店吗？""我推荐 ** 美发店。因为……"为使店铺能得到这种口碑，店铺绝不能让员工的成长停滞于平均水平。"还算可以""还算满意"这种评价不会得到顾客的口碑，也无法留住常客。

5 "7：4：2：1：0"法则

有一个法则能够表示顾客满意度和回头率之间的关系，该法则叫作"7：4：2：1：0"法则。这一法则在对员工进行技术提高培训时值得重点强调。

"还算满意"＝"回头率为四成"

在对来店顾客进行的满意度调查中，对总体服务的评价回答"极为满意"的顾客，实际的回头率大约为七成；回答"满意"的顾客回头率约为四成；回答"一般"的顾客回头率约为二成；回答"稍感不满意"的顾客回头率仅为一成；而回答"不满意"的顾客回头率为零。

只有店主理解了这一法则，在看到员工为了"我做到了让初次来店的顾客满意而归，可为何不见其再次来店"这样的问题而烦恼时，才能对其做出具体的指导。

即便提供了让顾客"非常满意"这样最高水平的服务，回头率也才只有七成。也就是说，如果以回头率最高水准的七成为目标，那么在负责 10 位顾客时，就必须要做出能令所有这些顾客都表示"非常满意"的高水平的服务。

另外，员工的顾客回头率约为二成左右时，说明这名员工提供给顾客的服务是"一般"水平。

"7：4：2：1：0"法则

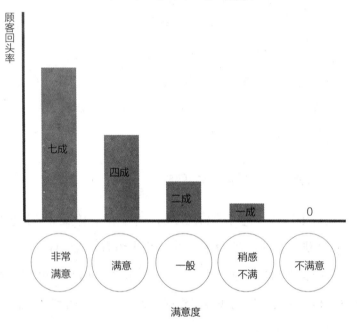

√ 即便让顾客"非常满意"回头率也仅有七成
√ 如果甘于"一般满意"停滞不前，就要面临回头率仅有二成的严酷现实

满意   不满意

目标是"极为满意"

无论吸引多少新顾客来店，无论学习多少提高营业额的知识，如果顾客对员工提供服务的评价是"一般""稍感不满""不满意"的话，那么回头率一定很低。

为了在激烈的市场竞争中胜出，不能满足于"一般满意"的水平，而必须引导员工提供令顾客"非常满意"的服务。关于这一点，店主一定要注意。

6 提供令顾客满意的服务之前，先排除造成不满的因素

"让顾客满意"，这是店内会议中的常用语。但是，在想要提供给顾客令其满意的服务之前，首先应该排除令顾客"不满的要因"。当顾客没有得到"理所当然提供的服务"时，就会对该店留下"** 美发店的员工最差劲了"这样的深刻印象。

同时，这还不算完。这些不满的顾客也会向第三者抱怨这件事。结果导致店铺的差评口口相传，使影响进一步扩大。

"将顾客认为理应得到的服务切实地提供给顾客"这句话说起来简单，但能使顾客感到不满的要因实在太多，因此如何解决仍是一个持续不断努力的过程。这一课题之所以如此困难，最大的理由就是员工自身没有意识到自己提供的服务中潜藏着哪些令顾客不满的因素。

因此，进行问卷调查并以顾客视角为基准，再次对目前"令顾客不满的要因"进行检验，是构建能令全体员工共同改善的组织架构的必要条件。

感动能形成口碑

在我公司进行的调查中，顾客们存在如下页图所示的一些不满。这些不满对于日复一日在沙龙工作的发型师来说，有很多都令他们难以察觉。

只有消除不满要因，才能令顾客满意

您在美发店有过哪些"感到不满"的经历？　　　（可多选）

- 花费时间长　　　43.5%
- 做的发型跟想要的不同　　　39.9%
- 已经提前预约过了但还是要等　16.7%
- 净聊闲话，很聒噪　15.9%
- 做头发之前不知道会花费多少　12.6%
- 久坐导致腰疼　11.6%
- 被推销很多商品　9.2%

其他"感到不愉快"的经历

- □ 吹干头发时风太热
- □ 发型师的遣词用语太粗鄙
- □ 总是给我做同样的发型

- □ 发型师衣冠不整
- □ 发型师领会不出我想要的发型
- □ 毛巾有异味
- □ 围布太脏

- □ 衣服上沾了很多剪发时的碎头发
- □ 没有仔细整理脸上的碎头发
- □ 不喜欢发型师机械地问些例行公事的问题
- □ 不想被搭话时还一直跟我说话很烦
- □ 不喜欢发型师嬉皮笑脸、过分亲昵
- □ 发型师手上有烟臭味
- □ 梳子上都是头发

针对 50 岁、60 岁左右的 138 位女性进行的问卷调查
Japan staffcreation 自主调查

在提供令顾客满意的服务之前，请先消除令顾客不满的要因！

感动能形成口碑

在我公司进行的调查中，顾客们存在如上页图所示的一些不满。这些不满对于日复一日在沙龙工作的发型师来说，有很多都令他们难以察觉。

与令顾客感到不满的要因相对应，得到了预期以上的、意料之外的高度满意的服务即所谓的"满意要因"。因为得到了预期以上的、意料之外的高度满意的服务，因此顾客被"感动"。

"培养出能令顾客感动的员工。"也就是说，员工培训是店铺在今后激烈的市场竞争中胜出的要点。

顾客一旦被感动，就会忍不住对他人倾诉这份感动。这就能为店铺形成"口碑"。

7 分内的工作不会让顾客感动

即使店家不想让顾客感到不满，但对顾客来说，店家若提供的是预料之中会得到的附加值（服务），则往往会让其认为这家店铺只是"一般"水平。

"还算满意"代表"没有特别不好的地方"

有的员工认为，"认真倾听顾客需求，按其希望做出理想发型，就能够提高满意度，也将进一步加强双方的信赖关系"。

在此，我想让大家记住一点：就算提供了再多"意料之中的服务"，顾客即使会"满意"，但绝不会"感动"。顾客以往体验过的"意料之中"的沙龙工作，对顾客来说都是经历过的事情，没有新鲜感，因此只会令满意度停留在较低水平。

"您想要剪短多少厘米""仅剪去较长的部分可以吗"这类对话无法回应顾客"想要变得更漂亮"的潜在需求。因此顾客满意度低是理所当然的。

毕竟，如果无法感受到对方作为一名"专业发型师""想提供能令顾客更漂亮的建议和提案"的热情和诚意，顾客绝不会被这样的发型师感动。

"意料之外的服务"能带来"感动"
"感动"则能形成"口碑"

即使接受了意料之中的服务，顾客也不会感动。
但是，若受到了没有预期的、意料之外的服务
就能感到高度满意并被感动

```
        "没有预期的特别服务"
               ↓
   "惊喜""感动"能"留下深刻记忆"
               ↓
在体验到超出这种程度的感动之前，一辈子都不会忘记
        "这就是特别服务的尺度标准"
```

□ "感动"→"想要向他人倾诉"→"口碑、推荐"
□ "感动"→"一直留有深刻记忆"
□ "作为发型师"，如果能让一位顾客受到"感动"，则这位顾客每次只要在
  谈话中提及"发型师"，就会对感动自己的发型师"自发地进行口碑传播"
□ "还算满意的服务水平"无法成为谈资

抓住重点，轻松提高回头率

实际上要想提高新顾客的回头率，只要理解和掌握窍门，其实并没有那么难。这个窍门就是"不做与一般设计师的沙龙工作同等水平的事"。

也就是说，应特意做一些顾客意料之外的高一级别的沙龙工作。这样做的好处是能在新顾客的脑海中留下深刻印象，占有一席之地。

8 要想获得口碑，自身特色应该以一句话概括

要想培养出能令顾客指名负责的有"口碑"人气设计师，第一步就是明确该设计师的擅长领域与专攻领域，并向顾客传递出设计师特色，适时"推荐"。

"专攻领域"的确立由主要目标顾客决定

越是从事专业性强的工作，越能将之变成自己独特的"卖点"。而且，也容易形成口碑和推荐。换句话说，就是不要变成顾客"因为离家近""因为经常去"才去消费的美发店的设计师，而应做一名能够为顾客达成某种特定的目的、解决某种需要，更专业、水平更高的设计师。如果遇到这类设计师，有特定需求的顾客就会因口碑而自然地聚集到这名设计师所在的美发店。

明确自己独特的卖点和特色

"刚出炉的热腾腾的比萨30分钟内送达"，像这种用简单明了的语言总结出自身独特卖点的表达方式叫作"USP（Unique Selling Proposition）。有了这种能将店铺和员工的特色用一句话简单明了地表现出来的USP，就能轻松扩大口碑。

依据以下问题，就能总结出自己独特的USP：

要想形成口碑，必须有"独特的卖点"

（例）刚出炉的热腾腾的比萨 30 分钟内送达

找到 USP 的 5 个问题

①你最擅长服务的顾客类型是哪种？

②请写出你的技术和服务的特点。

③其中最大的卖点是什么？

④这一卖点对①答案中的顾客有哪些好处？

⑤你的技术与服务不可或缺的理由是什么？

无法顺利回答出这 5 个问题时……

⑥及早探讨自己有可能马上着手实施、开展的卖点。

⑦思考能够将现有的工作方式升级并使之成为卖点的方法。

⑧明确今后的努力目标并获得顾客的认同。

· 你最擅长服务的顾客类型是哪种?

· 请写出你的技术和服务的特点。

· 其中最大的卖点是什么?

· 这一卖点对第一个问题答案中的顾客有哪些好处?

· 你的技术与服务不可或缺的理由是什么?

在制订 USP 的同时,应先打造出自己作为发型师的信念和个人特色,提高知名度,这样能够刺激顾客的情感,大幅提高形成口碑和被推荐的可能性。

9 获得口碑的员工都有信念

应该有很多人都听说过脑外科医生上山博康，他经常在电视节目中出现。我想向大家介绍一下上山医生的名言，这对于我们发型师来说有很大的参考价值。

"我要用我所知道的所有方法去治疗患者。"

为了患者都把话说到这个分儿上，这种医生全国又能有几个呢？

或许正是因为有技术作为后盾，才有自信说出这样的话。但这句话的每一个字都能让人感受到"作为一名专业人士的信念"。

而如果是这样的医生，那么全国的患者都慕名而来寻求帮助也就可以理解了。

你是否向顾客传达出了自己作为发型师的信念？

下面我们将上山医生的这句话置换到发型师身上，会变成什么呢？

旭川红十字医院
脑外科医生
上山博康医生的话

"挽救患者独一无二的生命是我的职责。"
"我要用我所知道的所有方法去治疗患者。"
"我会跟患者一起并肩作战，至死方休。"
"我如果不救这名患者，还有谁能救他？"

将上山医生的语录
置换到美发师身
上，则……？

"用发型设计令顾客无法倒带的人生过得更加丰富多彩。"
"为此能够做出一点贡献，是我作为发型师的职责所在。"
"我将运用可能的一切方法，让顾客更加亮眼。"
"尽一切可能让顾客永远光彩照人。"
"只有我能让您展现魅力。"

"运用多年积累的所有经验来展现出您的魅力，是我作为发型师的职责。"

贵店的员工们是否将这种真实想法传达给顾客了呢？至今为止将这种真实想法传递给顾客的发型师实际上并不多。

像这样，如果不能明确自己的信念和主张，使顾客指名让自己负责，就无法向顾客传达出自己的真实想法。

向顾客明确表达出自己作为发型师的信念和主张，能让员工对自己的工作产生自豪感和责任感。

而对这种主张和信念表示认同、产生共鸣的顾客会与设计师形成比以往更强的信赖关系。并且这种"认同和共鸣"能造就出"粉丝"并形成"口碑"。

10 打造员工特色能增加忠诚顾客

误以为"常客不会流失"

一位常客一直对服务感到满意，却不知为何突然之间就不再来店消费了，这种情况每家店铺都遇到过。其理由就是，无论多优质的服务，如果反复多次提供给顾客，久而久之顾客就会认为这是"理所当然的、普通的"服务，而习以为常。而且再继续去这家店消费也变得没有意义，因此就放弃了。为了不发生这种顾客流失的情况，最重要的一点就是将"顾客"培养成"粉丝"。

贵店员工的名片强调了什么？

为使常客变为"粉丝"，最重要的一点就是向顾客展现员工的特色、信念及个人信息。

为此，重要手段之一即"名片"。我经常能看到一些仅标注了店名和人名的名片，但这类名片没有传递出设计师的信息。

成长缓慢的设计师和营业额很高的设计师之间，有一个决定性的差异，即"粉丝顾客的数量"。很多成长迟缓的设计师几乎都没有采取任何"将常客培养成粉丝"的措施和努力。

在电视里的美食类节目中，会播放厨师对美食的执着和信

名片 正面

配合季节变换，提出能令您更加耀眼的发型设计方案
沙漠绿洲 发型设计
提炼出您尚未察觉到的自身魅力
令您"年轻 8 岁"的设计方案

帽子独具特色
提出令您"年轻 8 岁"方案的设计师　**渡部淳一**

顾客心声

认真倾听我的需求，如配合季节的发型、想要的发型以及想要
展现的形象等，能够提出比较新颖的发型设计方案，每次来店
都让我倍感期待。

预约电话 0120-33-5676

名片 背面

▌**以"年轻 8 岁"为目标，能展现您独特风格的提案**
为您提出适应季节变换的最闪亮的发型设计方案
为您提出适应季节变换的发色和造型设计

▌**"年轻 8 岁"的要点在于不做老一套的发型设计**
变换发型就能改变心情，让你更有活力
这才是年轻 8 岁的秘诀

▌**"年轻 8 岁"的要点在于层次感、蓬松感及光泽度**
发质偏硬是年轻 8 岁的大敌，交给我们吧，这可以用烫发来解决。

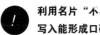

利用名片"不易被丢弃"的特点
写入能形成口碑的内容

念。观众由于获得了平时无法得知的信息，而即使之前没有见过这名厨师也会对其产生亲近感。如果仅介绍美食，则无法达到这种程度的亲近感。

也就是说，顾客知道了平时基本无法知晓的员工个人信息，就会对其产生亲近感。而且，对发型师亲近感较强的顾客最终就较易成为"粉丝顾客"。

只有自发地向顾客传达信息，顾客才能切实收到信息。因此，除了名片，还应有效利用主页上的员工介绍等一切手段，去向顾客传递信息。

11 员工成长的必备条件

最后，为沙龙店主总结一下提高员工技术水平培训的要点。

店主要用心

沙龙改革，如果店主不打头阵、带头行动，员工们就不会行动起来。如果将问题放任不管，最终必将演变成重大问题。

提出能令员工认同的"崇高理想"

员工培训若以店主自身情况为优先考虑，往往无法提高接受培训的员工的热情，也难以达到预期效果。

"作为一名发型师的崇高理想"是"顾客满意至上"，将之确定为员工培训的根本，就能激发出员工作为一名专业发型师的自尊。

培训主题定为"员工幸福"

员工在拥有"崇高理想"的同时，如果能够判断这项工作对自己将来的发展有利，态度也会更加认真。

大多数员工真正想要学习的不是提高营业额的小窍门、小知识，而是能获得更多顾客支持的、将来能获得稳定收入的具体方法。这才是员工们真正想要学习的东西。

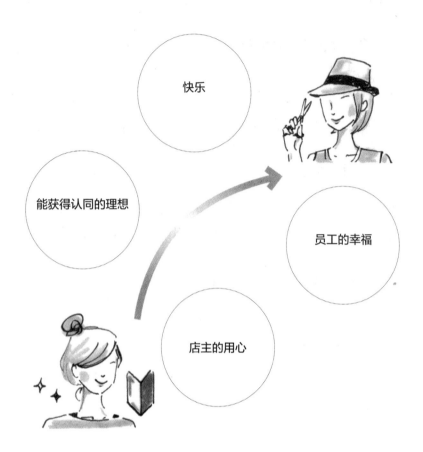

快乐

能获得认同的理想

员工的幸福

店主的用心

"快乐"为先

全体员工以"顾客至上"为准则采取行动，能让店内的信息交换更顺畅，员工工作也将更有活力。而且顾客满意的微笑、感谢的话语以及对店铺的"口碑与推荐"也会增加。只有辛苦和劳累的沙龙工作谁也坚持不住，但有了"快乐""正直""真实"的理念，员工们才能不断努力。

后记

即使正常开业，也未能达到预想的营业额。所以为了提高营业额，店铺很容易选择降价集客，希望顾客能够成为常客。

"经济不景气""消费者的消费观念趋于保守"。确实，现实就是如此。但从另一方面讲，正因如此，消费者才"偶尔也想要小小地奢侈一下""偶尔也想要发泄一下压力"，杂志和电视上也经常会介绍一些每天都门庭若市的人气店铺。即使经济不景气，消费者对于"能让自己身心愉悦的事情"也是舍得花钱的。

你是不是也将"营业额不像预期般提高"的理由归咎于经济不景气和竞争店铺等外部原因了呢？

贵店的店铺门脸和店头招牌能让路过的行人感受到季节变换和新鲜感吗？

店内员工是否面带笑容、愉快、充满干劲和活力地进行着沙龙工作呢？

是否将自己的店铺打造成让过路的行人想要"哪天去试试"的美发店了？

正如前文所述，"营业额是顾客满意的结果"。那么，我们就能够推导出一个简单的结论，即营业额无法提高的理由不是第三方因素，而是"对于店铺提供的附加价值（服务），顾客的满意度低"。而且，顾客满意度低的原因是员工成长缓慢，无法提高到更高的水平和级别。为了摆脱这一困境，不能靠摸索经营上的小窍门、小知识，而应针对提高员工技能的培训这一本质问题采取行动。

肯定会有店铺提出"没时间、资金不足"。但是，那些着力于提高员工技能的店主们在时间和资金上也并不够充足。正是因为他们认识到了"如果不在提高员工技能方面下功夫，就无法在激烈的市场竞争中胜出"。

如果无法预见到店铺光明的未来并对将来感到困惑，我建议你可以再一次谦虚地回顾美发店经营的原点。为提供"令顾客更加满意的服务"而采取的行动必然会受到顾客的欢迎。而且，通过重新站在原点反省自己，不仅是店主，员工们也一定会意识到目前的自己到底欠缺了些什么。

美发业界处在严峻的经营环境下，"营业额优先"的美发店不断增加，店主和员工的关系、员工之间的关系也变得越来越生硬和疏远。而且，越来越多的店主和员工们都从心底里对这种现状感到迷茫。

"提高顾客满意度才能够让来店的顾客感到幸福，这才是员工们的幸福，同时也是沙龙店主的幸福。"

这就是我公司的"幸福三位一体"理念。

正因为我们处于这样的时代，如果本书能够对认同"顾客满意至上"理念的各位有所帮助，将是我最大的欣慰和幸福。

另外，对衷心希望员工们能够幸福的沙龙店主，我从心底里表示支持和赞同。

通过提高员工技能、培训研修，一定会帮助沙龙实现生意兴隆！

JSC 美发店经营综合研究所代表

山内义成

"服务的细节" 系列

《卖得好的陈列》：日本"卖场设计
第一人"永岛幸夫
定价：26.00 元

《为何顾客会在店里生气》：家电卖
场销售人员必读
定价：26.00 元

《完全餐饮店》：一本旨在长期适用
的餐饮店经营实务书
定价：32.00 元

《完全商品陈列 115 例》：畅销的陈
列就是将消费心理可视化
定价：30.00 元

《让顾客爱上店铺 1——东急手创
馆》：零售业的非一般热销秘诀
定价：29.00 元

《如何让顾客的不满产生利润》：重
印 25 次之多的服务学经典著作
定价：29.00 元

《新川服务圣经——餐饮店员工必学
的 52 条待客之道》：日本"服务之
神"新川义弘亲授服务论
定价：23.00 元

《让顾客爱上店铺 2——三宅一生》：
日本最著名奢侈品品牌、时尚设计与
商业活动完美平衡的典范
定价：28.00 元

《摸过顾客的脚才能卖对鞋》：你所不知道的服务技巧，鞋子卖场销售的第一本书

定价：22.00 元

《繁荣店的问卷调查术》：成就服务业旺铺的问卷调查术

定价：26.00 元

《菜鸟餐饮店 30 天繁荣记》：帮助无数经营不善的店铺起死回生的日本餐饮第一顾问

定价：28.00 元

《最勾引顾客的招牌》：成功的招牌是最好的营销，好招牌分分钟替你召顾客！

定价：36.00 元

《会切西红柿，就能做餐饮》：没有比餐饮更好做的卖卖！饭店经营的"用户体验学"。

定价：28.00 元

《制造型零售业——7-ELEVEn 的服务升级》：看日本人如何将美国人经营破产的便利店打造为全球连锁便利店 NO.1！

定价：38.00 元

《店铺防盗》：7大步骤消灭外盗，11种方法杜绝内盗，最强大店铺防盗书！

定价：28.00元

《中小企业自媒体集客术》：教你玩转拉动型销售的7大自媒体集客工具，让顾客主动找上门！

定价：36.00元

《敢挑选顾客的店铺才能赚钱》：日本店铺招牌设计第一人亲授打造各行业旺铺的真实成功案例

定价：32.00元

《餐饮店投诉应对术》：日本23家顶级餐饮集团投诉应对标准手册，迄今为止最全面最权威最专业的餐饮业投诉应对书。

定价：28.00元

《大数据时代的社区小店》：大数据的小店实践先驱者、海尔电器的日本教练传授小店经营的数据之道

定价：28.00元

《线下体验店》：日本"体验式销售法"第一人教你如何赋予O2O最完美的着地！

定价：32.00元

《医患纠纷解决术》：日本医疗服务第一指导书，医院管理层、医疗一线人员必读书！医护专业入职必备！
定价：38.00元

《迪士尼店长心法》：让迪士尼主题乐园里的餐饮店、零售店、酒店的服务成为公认第一的，不是硬件设施，而是店长的思维方式。
定价：28.00元

《女装经营圣经》：上市一周就登上日本亚马逊畅销榜的女装成功经营学，中文版本终于面世！
定价：36.00元

《医师接诊艺术》：2秒速读患者表情，快速建立新赖关系！日本国宝级医生日野原重明先生重磅推荐！
定价：36.00元

《超人气餐饮店促销大全》：图解型最完全实战型促销书，200个历经检验的餐饮店促销成功案例，全方位深挖能让顾客进店的每一个突破点！
定价：46.80元

《服务的初心》：服务的对象十人百样，服务的方式千变万化，唯有，初心不改！
定价：39.80元

《最强导购成交术》：解决导购员最头疼的55个问题，快速提升成交率！
定价：36.00元

《帝国酒店——恰到好处的服务》：日本第一国宾馆的5秒钟魅力神话，据说每一位客人都想再来一次！
定价：33.00元

《餐饮店长如何带队伍》：解决餐饮店长头疼的问题——员工力！让团队帮你去赚钱！
定价：36.00元

《漫画餐饮店经营》：老板、店长、厨师必须直面的25个营业额下降、顾客流失的场景
定价：36.00元

《店铺服务体验师报告》：揭发你习以为常的待客漏洞 深挖你见怪不怪的服务死角 50个客户极致体验法则
定价：38.00元

《餐饮店超低风险运营策略》：致餐饮业有志创业者＆计划扩大规模的经营者＆与低迷经营苦战的管理者的最强支援书
定价：42.00元

《零售现场力》：全世界销售额第一名的三越伊势丹董事长经营思想之集大成，不仅仅是零售业，对整个服务业来说，现场力都是第一要素。

定价：38.00 元

《别人家的店为什么卖得好》：畅销商品、人气旺铺的销售秘密到底在哪里？到底应该怎么学？人人都能玩得转的超简明 MBA

定价：38.00 元

《顶级销售员做单训练》：世界超级销售员亲述做单心得，亲手培养出数千名优秀销售员！日文原版自出版后每月加印 3 次，销售人员做单必备。

定价：38.00 元

《店长手绘 POP 引流术》：专治"顾客门前走，就是不进门"，让你顾客盈门、营业额不断上涨的 POP 引流术！

定价：39.80 元

《不懂大数据，怎么做餐饮？》：餐饮店倒闭的最大原因就是"讨厌数据的糊涂账"经营模式。

定价：38.00 元

《零售店长就该这么干》：电商时代的实体店长自我变革。

定价：38.00 元

《生鲜超市工作手册蔬果篇》：海量图解日本生鲜超市先进管理技能

定价：38.00 元

《生鲜超市工作手册肉禽篇》：海量图解日本生鲜超市先进管理技能

定价：38.00 元

《生鲜超市工作手册水产篇》：海量图解日本生鲜超市先进管理技能

定价：38.00 元

《生鲜超市工作手册日配篇》：海量图解日本生鲜超市先进管理技能

定价：38.00 元

《生鲜超市工作手册副食调料篇》：海量图解日本生鲜超市先进管理技能

定价：48.00 元

《生鲜超市工作手册 POP 篇》：海量图解日本生鲜超市先进管理技能

定价：38.00 元

《日本新干线 7 分钟清扫奇迹》：我们的商品不是清扫，而是"旅途的回忆"

定价：39.80 元

《像顾客一样思考》：不懂你，又怎样搞定你?

定价：38.00 元

《好服务是设计出来的》：设计，是
对服务的思考
定价：38.00 元

《让头回客成为回头客》：回头客才
是企业持续盈利的基石
定价：38.00 元

《餐饮连锁这样做》：日本餐饮连锁
店经营指导第一人
定价：39.00 元

《养老院长的 12 堂管理辅导课》：
90%的养老院长管理烦恼在这里都能
找到答案
定价：39.80 元

《大数据时代的医疗革命》：不放过
每一个数据，不轻视每一个偶然
定价：38.00 元

《如何战胜竞争店》：在众多同类型
店铺中脱颖而出
定价：38.00 元

《这样打造一流卖场》：能让顾客快
乐购物的才是一流卖场
定价：38.00 元

《店长促销烦恼急救箱》：经营者、
店长、店员都必读的"经营学问书"
定价：38.00 元

《餐饮店爆品打造与集客法则》：迅速提高营业额的"五感菜品"，马上可以实践的"集客步骤"

定价：58.00元

《赚钱美发店的经营学问》：一本书全方位掌握一流美发店经营知识

定价：52.00元

《新零售全渠道战略》：新零售的本质是通过服务与技术满足消费者的即时消费需求

定价：48.00元

更多本系列精品图书，敬请期待！

亲爱的读者朋友们：

东方出版社秉承"新思想、新知识、新生活"的理念，致力于国内外优秀的经济、管理、文艺、少儿、生活、历史、学术、教育等人文社科类图书的出版，每年出版的图书品类达千余种。

为答谢读者朋友们长期以来的厚爱，特推出系列优惠馈赠图书活动。只要您通过微信关注"东方出版社"（微信公众号：dfcbs2011）并自付邮费，就有机会获取百本免费区或百本三折区里的任意一本图书。每月两次我们将从热心读者中抽取100名幸运朋友，更为优惠的活动信息详见微信公众号。

感谢您的支持，汲取知识与力量，我们将与您一路同行！

（活动具体信息及时间详见微信公众号）

若有任何咨询和疑问，敬请联系读者服务部：010－85924616